「やり抜く力」が磨かれる！

西郷どんの言葉

明治大学教授
齋藤孝

ビジネス社

はじめに

日本を大きく変えることとなった明治維新。2018年は、その歴史的大事業から150年目となる節目の年になります。

皆さんご存じの通り、明治維新においては「志士」と呼ばれる人たちが大活躍しました。坂本龍馬《さかもとりょうま》、桂小五郎《かつらこごろう》、吉田松陰《よしだしょういん》、高杉晋作《たかすぎしんさく》……。もちろん、志士だけではなく幕臣の勝海《かつかい》舟《しゅう》、土佐藩主の山内容堂《やまうちようどう》、あるいは公家の岩倉具視《いわくらともみ》などなど、さまざまな人たちが〝新たな日本〟をつくろうと粉骨砕身、駆け回っていました。

なかでも、その中心となったのが、「西郷《せご》どん」こと西郷隆盛です。西郷というと、まずは維新の際の鳥羽・伏見の戦い、江戸城無血開城などが思い浮かぶでしょう。その一方で、人生の細部を見ていくと、ちょっとわかりづらいところがあるのも否めません。

藩の罪人として島流しにあったかと思えば、赦《ゆる》されてすぐに幕府軍の参謀になり、その後は一転、倒幕軍の実質的な最高責任者として幕府を倒します。維新後は参議となり、大《おお》久保利通《くぼとしみち》らが洋行している間に事実上、日本の指導者となりますが、彼らが帰ってきて「征韓論争」に敗れると、さっさと故郷に帰国。日がな一日、猟をしては温泉につかるという、カントリーライフを送ります。

この間、わずか10年ちょっとの話です。これほど短期間で、生きる環境が目まぐるしく変わった人物も少ないのではないでしょうか。

⊕ ⊕ ⊕

では、多くの人に慕われ、誰もが英雄と認めていた西郷が、なぜ「征韓論」にあれほどこだわったのか。どうして西南戦争を起こしてしまったのか。

こうした、単純なイメージでは理解しにくい彼の行動は、いまだに研究の対象となっています。小説『翔ぶが如く』で西郷の後半生を詳細に描いた司馬遼太郎ですら、「西郷のことはよくわからない」としきりに書いていました。

そこで本書では、書簡や漢詩など西郷が実際に遺した言葉の紹介を中心に、その熱い中身を味わいながら、同時に彼の人生を改めてたどっていきたいと思います。

そうすることで、江戸から明治という日本史上、最大級の転換期に西郷がどのような役割を果たしたのか、そして、そのときの彼の気持ちはどういったものだったのか、よくわかるからです。

⊕⊕⊕

ここで簡単に紹介したように、まさに波乱の日々を送り、その結果、ときに挫折を味わい、ときに不遇の境遇に追いやられ、ときに孤立無援を強いられることもありました。それでもやはり西郷は、誰もが認める不世出の英傑であったことは言をまちません。

その理由は、時代を〝回天〟させたという実績に加え、すべてを包み込む〝人間の大きさ〟にあったのだと思います。敵として戦った人たちも、一様に西郷の人物の大きさに感服し、西南戦争で死した後も、立場を超えて多くの人々がその死を悼《いた》んだということからも、西郷がいかに敬愛されたのかがわかります。

とにかく、西郷にはたぐいまれなリーダーシップがありました。

しかも、強制的に何かをやらせるという「上からのリーダーシップ」ではなく、そこにいるだけで自然とチームの雰囲気が盛り上がり、部下や周りの人たちがいつの間にか〝その気〟になってしまうという、いわば「下からのリーダーシップ」が、その特徴だったといえるでしょう。

強いチームには、その中心に「絶対にやり遂げるぞ」という気力、活力の源泉になる人物というのが必ずいるものです。経営学の父として知られるドラッカーは、そうした人のことを「エグゼクティブ」と呼びました。

ギリギリのところで戦争を回避した江戸城無血開城、あるいは、武士の既得権益にかかわるので、誰もが手をつけるのを嫌った廃藩置県を成功に導いた西郷隆盛という人物は、まさに史上最高峰のエグゼクティブだったといっていいのではないでしょうか。

⊕⊕⊕

そうした人徳に加え、自身が己を磨き上げながら修得した〝教訓〟にも、西郷の魅力を見出すことができます。それが、本書のテーマの一つでもある「智仁勇《ちじんゆう》」です。

本文でも触れますが、西郷は流罪になった折に、江戸時代の儒学者である佐藤一斎《さとういっさい》の『言志四録《げんししろく》』を読み込み、さらに同書に書かれた膨大な言葉のなかから気に入ったものを101個書き写し、暗唱しました。その100番目に書かれた言葉が「智仁勇」です。

彼がその後、「智仁勇」を座右の銘にしていたということからも、この言葉こそが西郷が目指した人格を表していることがわかります。

もともと「知（智）仁勇」は『論語』にある言葉です。論語のなかで孔子は、人間にとってもっとも重要な美質として、

「知の人は惑わず、仁の人は憂えず、勇の人は恐れず」

と述べました。これは「三徳」と呼ばれ、儒学の基本とされているものです。江戸時代までの人からすれば、人間性を培ううえで、この「三徳」こそがキーワードでした。

残念ながら、現在の日本においては「三徳」と言ってもわからない人がほとんどです。しかし私は、この「三徳＝智仁勇」こそが、現代日本人が特に学び取るべき概念だと思います。

本書では、彼の遺したいまこそ知っておくべき言葉を紹介していくとともに、行動、判断、人とのかかわり、そして、当時の人、後世の人が西郷のことをどう考えていたかを見ていき、人生そのものが〝作品〟だった西郷の姿を、浮かび上がらせていきます。

西郷の生涯を「智仁勇」というキーワードでたどれば、彼の魅力の源泉がきっとわかってくるはずです。それと同時に、現代に生きる私たちが、いまこそ学ぶべき「智仁勇」を西郷の姿から、きっと見出せることでしょう。

はじめに ―― 3

第1章 若き日の情熱ほとばしる言葉（1854〜1859）

第2章

理想と現実のギャップに悩める言葉

(1860〜1864)

第3章 リーダーとして才気あふれる言葉
(1864～1868)

▼早わかり西郷の人生❸ 62

▼言葉

第4章

気合、失意、そして悟りの言葉
(1869〜1873)

第5章

人生50年、「智仁勇」の集大成となる言葉

(1873～1877)

第6章
現代人の心に深くしみこむ「遺訓」

第7章

有名人の通信簿～西郷どん、一言でいうとこんな人～

第8章

齋藤流、西郷どんの読み解き方

第1章

若き日の
情熱ほとばしる言葉

(1854～1859)

早わかり西郷の人生①

1827	文政10	0歳	12月7日、薩摩藩下加治屋町にて西郷吉兵衛隆盛の長男として生まれる。
1830	文政13	3歳	8月、鹿児島城下高麗町にて大久保利通が生まれる。
1833	天保4	6歳	6月、長州藩の萩にて桂小五郎（木戸孝允）が生まれる。
1839	天保10	12歳	この年、藩校から帰る途中に不意打ちを食らい右腕を負傷。
1843	天保14	16歳	5月、弟の信吾（従道）が生まれる。
1844	弘化元	17歳	この年、郡方書役助に任命される。
1851	嘉永4	24歳	2月、島津斉彬が薩摩藩主となる。
1853	嘉永6	26歳	6月、ペリーが浦賀に来航する。 7月、ロシアの使節プチャーチンが長崎に来航する。
1854	嘉永7	27歳	1月、斉彬の参勤交代に従い江戸に向かう。 4月、庭方役に抜てきされる。
1856	安政3	29歳	7月、アメリカの総領事ハリスが下田に着任。
1857	安政4	30歳	4月、斉彬に従って薩摩に帰藩。 11月、藩の命によって江戸に向かう。
1858	安政5	31歳	6月、薩摩に戻り、7月に京都に向かう。 7月、斉彬が死去。 9月、安政の大獄による尊攘派弾圧から月照をかくまうため、ともに薩摩に向かう。 11月、藩が月照の追放を命令。月照とともに海に身投げするも西郷だけ助かる。 12月、奄美大島へ渡るよう藩から命じられる。
1859	安政6	32歳	1月、奄美大島に到着。この年、島の豪族の娘と結婚。

この章の主な登場人物

島津斉彬（しまづ・なりあきら　1809〜1858）
薩摩藩主。開国を迫る欧米諸国と日本が対等に付き合うためには国の近代化が急務と考え、「集成館事業」を推進し、造船や製鉄、紡績などの工場も設立。薩摩藩、そして日本の発展に力を尽くす。西郷をはじめ、身分を問わず幅広く登用し、多くの人材を育て上げた。

月照（げっしょう　1813〜1858）
幕末期の尊皇攘夷派の僧侶。京都の清水寺成就院の住職で、第13代将軍・徳川家定の跡継ぎ問題では一橋（徳川）慶喜を推す。安政の大獄によって西郷とともに京都から薩摩に逃れるが、藩は受け入れを拒否。絶望した西郷とともに錦江湾に入水し、死去した。

橋本左内（はしもと・さない　1834〜1859）
福井藩士。緒方洪庵らに蘭学と医学を学び、福井藩主・松平慶永（春嶽）に認められ藩政改革に従事。西郷のほか水戸藩の藤田東湖とも交流を深めたが、将軍の跡継ぎ問題で一橋慶喜擁立に動き、安政の大獄で処刑された。『啓発録』などの著作がある。

大久保利通（おおくぼ・としみち　1830〜1878）
明治期の政治家。西郷の盟友で、薩長同盟を成立させ、王政復古の指導的役割を果たす。維新後は参議、内務卿となり廃藩置県など数々の政策を実現。征韓論で西郷と対立。西南戦争の翌年、紀尾井坂で不平士族に暗殺された。

剣の道をあきらめ、学問の道へ

西郷隆盛は、1827年、鹿児島城下に流れる甲突川《こうつきがわ》のほとり加治屋町で生まれました。加治屋町というのは下級武士の家があった地域です。下級武士の屋敷は大変粗末で、生活はとても貧しいものでした。とりわけ西郷家は7人兄弟を含む11人家族だったので、暮らしは大変だったことでしょう。

この西郷家から徒歩数分のところに、大久保正助、後の利通が住んでいました。**維新の英雄同士がご近所だっただけでも十分驚きですが、実はこの地から巣立っていったのは、この二人だけではありません。**西郷を慕って、その指導を受けた少年たちのなかから、**陸軍元帥《げんすい》となる大山巌《おおやまいわお》や、日露戦争でバルチック艦隊を撃破した東郷平八郎《とうごうへいはちろう》など、多くの軍人、政治家が生まれた**のです。

薩摩藩には、地元の先輩から勉学や剣術を習う独特の「郷中教育《ごじゅうきょういく》」と呼ばれる仕組みがあり、西郷もそのなかで薩摩武士としての心構えを学んでいきます。特に**薩摩は〝武の精神〟を重んじる風潮があったため、剣術がとても盛ん**でした。

薩摩の武術といえば、〝初太刀〟がすべてという一撃必殺の剣法「示現流《じげんりゅう》」が有名ですが、西郷も、そうした剣術修行にのめり込んでいきます。

ところが、いまでいう小学校高学年の頃、藩校「造士館《ぞうしかん》」からの帰り道に、以前にケンカでやっつけた相手から刀で斬りつけられるという事件に遭います。西郷は相手を投げ飛ばしてピンチを切り抜けましたが、刀傷のため、その後3日間も高熱に浮かされてしまいました。**幸い一命は取り留めたものの、右腕に受けた傷は神経にまで達していたため、以降は刀も満足に振れなくなってしまった**のです。

強い武士に憧れて修行に励んできた若者にはあまりにもツラい運命ですが、その悔しさをバネにして、西郷は学問の道に精進しようと心に決めました。

あっという間に若手のリーダー格に

薩摩の武士は、いまの青年会のような組織「二才組《にせぐみ》」に参加します。**二才組のなかでも人望の厚かった西郷は、たちまちリーダー的存在になっていきました。**

そして1844年、西郷は郡方書役助《こおりかたかきやくたすけ》に取り立てられ、藩政にたずさわるようになります。郡奉行《こおりぶぎょう》の迫田利済《さこたとしなり》の助手となって、農村を見て歩きながら年貢の計算や取り立てをする仕事です。

上司となった迫田は非常に気骨ある武士で、後年、年貢の減額を一切認めないという藩庁の通達に激怒し、「虫よ虫よ　五《いつ》ふし草の根を絶つな　絶たば己も共に枯れなん（藩庁の役人よ、重い年貢に苦しむ農民をさらに苦しめて根絶やしにしてしまうと、いずれは自分たちも絶えてしまうぞ）」という面白い比喩を使った歌を残し、辞職したといわれています。常に農民に寄り添い、いつくしむ迫田の姿勢に、西郷も深く感銘を受けたはずです。

農政に関することはもちろん、橋の架設工事や、溜め池工事などにもたずさわる一方、西郷は二才組のなかで、儒教、とりわけ朱子学を勉強するグループを立ち上げています。メンバーには、同じ加治屋町郷中の吉井友実《よしいともざね》や、高麗町《こうらいちょう》から加治屋町郷中に引っ越してきた大久保利通など、後年、明治政府で大活躍する人たちもいました。これはやがて「精忠組」という、幕府と対立する雄藩・薩摩の母集団となっていきます。

黒船来航と日本の危機

「お由羅《ゆら》騒動」と呼ばれる、島津斉興《しまづなりおき》の跡目争いを乗り越えて1851年に藩主となった島津斉彬《なりあきら》は、薩摩の近代化を積極的に進めました。幕府の長崎海軍伝習所で教員だったオランダ人・カッテンディーケが薩摩を訪れた際、斉彬が建設した近代工場群や「集成館事業」と呼ばれる幅広い近代化事業を目にして、「当時の薩摩藩は、ヨーロッパの小さな一公国並みの技術力を持っていた」と後に回顧録で書いています。

斉彬が藩の近代化を推進したのは、そうしなければ、やがて諸外国からの圧力に屈し、薩摩はおろか、日本国そのものが存亡の危機に陥ると危惧したためです。実際、1853年にはアメリカ東インド艦隊司令長官のペリーが浦賀に来航し、武力を背景とした強圧的な開国要求を幕府に突きつけています。また、ロシアからもプチャーチンが長崎に来航し、幕府に対して開港通商を要求しました。

これに対して幕府は右往左往するばかり。国難に立ち向かうどころか、ときの第13代将軍・徳川家定《とくがわいえさだ》が心身ともに虚弱な人物だったこともあり、まったく解決策を見出すことができませんでした。

結局、ペリーの黒船が来航した翌年、幕府はアメリカとの間に日米和親条約を締結。また、ロシアやイギリス、オランダといった諸外国にも、和親条約を調印させられてしまいます。日本は、外圧によって国家体制が揺さぶられ続けたのです。

斉彬はこの国難を切り抜けるには、「幕府を中心に朝廷や藩が力を合わせて政治を行うしかない」と考えていました。いわゆる〝**公武合体**〟です。

藩の近代化と同時に、こうした志をともにできる家臣を一人でも側に置こうと、斉彬は若手を積極的に採用していきます。そして、その一員に選ばれたのが西郷でした。

江戸で築き上げたネットワーク

かつての上司であった迫田利済の精神を受け継いだ西郷は、たびたび藩政に関する意見書を提出していたことで斉彬の目にとまり、参勤交代への同行を命じられます。こうして1854年、西郷は斉彬の参勤交代に付き従い、生まれてはじめて薩摩を出て江戸に向かうことになりました。

西郷に与えられた江戸での仕事は、庭方役《にわかたやく》という庭の手入れ係でした。ただし、これはあくまで表向きで、**実質的には斉彬の秘書役。**本来ならば身分が違いすぎるため、さまざまな手続きを踏んだうえで藩主に謁見《えっけん》しなければならないところ、その垣根を斉彬のほうから取り払ってくれたのです。

斉彬は西郷を常に庭に待機させ、国内外の情勢を教えたり、あるいは諸国の志士たちと連絡を取らせたりしました。水戸藩の藤田東湖《ふじたとうこ》や戸田蓬軒《とだほうけん》、福井藩の橋本左内《はしもとさない》といった、天下に名を馳せていた人物たちと交流をもつうちに、西郷の名も諸藩士の間で徐々に知られていくことになります。

飛び込んできた思わぬ悲報

弱腰の対外政策を問題視した斉彬は、幕府に対して国防の充実が第一の急務であることを建言しました。

そのためには、幕閣はじめ諸大名の意見もまとめられるような聡明な人物をリーダーとする必要があると考え、水戸徳川家出身で当時一橋家の当主だった一橋慶喜《ひとつばしよしのぶ》を次期将軍にしようと画策します。西郷も斉彬の命に従い、特に対朝廷運動の一員として、慶喜を次期将軍にするべく働いたのです。

ところが、これに待ったをかけたのが、大老に就任した井伊直弼《いいなおすけ》でした。紀州藩主の徳《とく》川慶福《がわよしとみ》（後の家茂《いえもち》）のほうが、徳川の正統な血統に近いという理由で慶福を擁立する一派を擁護。強引に次期将軍を慶福にすることを内定させたのです。

さらに、**朝廷の勅許《ちょっきょ》を得ることなく、井伊は日米修好通商条約を締結。貿易の自由を認める条約でしたが、同時に外国人の犯罪を日本の法律では裁けず、関税自主権もないという不平等条約**でもありました。

朝廷をないがしろにし、外国に唯々諾々《いいだくだく》と従う井伊の政治手法に業を煮やした斉彬は、事ここに至り、思い切った手段に出るしかないと考えました。**斉彬自身が薩摩から兵を率いて京都に入り、朝廷より幕政改革の勅許を受けたうえ、強大な武力を背景として幕府に対して改革を迫ろうと計画**したのです。

西郷は、その下準備のために京都で熱心に朝廷工作を行いました。ところが、西郷が東奔西走している最中に、薩摩から衝撃的な知らせが入ります。なんと斉彬が、薩摩で軍事訓練の指揮をとっている間に発熱し、急逝してしまったのです。

それを聞いた**西郷は薩摩に帰り、斉彬の墓前で切腹することを決意**。ところが、親しく付き合っていた尊王攘夷派の僧・月照《げっしょう》に「死ぬのはいつでもできる。それよりも斉彬公の遺志を継ぐことが大事ではないでしょうか」と戒められ、殉死を思いとどまります。

死に場所を求める旅の始まり

当時、大老井伊は自分の方針に反対する大名や公家たちを謹慎処分にしたほか、幕府に批判的な意見をもつ志士を一斉に捕縛し、処刑しました。いわゆる**「安政の大獄」**です。

安政の大獄により、吉田松陰などの有能な若者が断罪され、そのなかには西郷とも付き合いがあった橋本左内も含まれていました。そして、薩摩藩と朝廷との橋渡し役を務めていた月照にも危険がおよぶことを恐れた西郷は、月照を薩摩藩内にかくまおうと考えます。

ところが、斉彬亡き後の藩の態度は非常に冷たいものでした。幕府の警戒の目をかいくぐって**やっとの思いで薩摩までたどり着いた月照を、藩外に追放するように命じたのです。**

これは事実上の死刑判決で、道中で斬れということを意味していました。

安政の大獄という嵐が吹き荒れる時勢にあっては、月照など薩摩にとって単なる厄介者にすぎません。月照をかくまうことによって幕府に睨《にら》まれるのは、藩にとって得策ではなかったのです。

この藩の命令に背くわけにもいかず、かといって月照を斬ることも西郷にはできません。**どうにも身動きができなくなった西郷は、月照を船で薩摩国外に送る道中、彼とともに寒中の錦江湾に身投げ**をしたのです。月照は亡くなりましたが、西郷は助けられます。これが西郷にとって、生涯忘れられない体験となったのです。このとき、西郷隆盛31歳でした。

このように、日本中を駆けずり回っていた若き日の西郷。彼は一体、薩摩を、そして日本をどのように変えたかったのか。理想とする生き方はどんなものだったのか。熱い情熱ほとばしるその言葉から、心の内を見ていきましょう。

人が生きる意義はどこにあるのか

死の妙所を得て天に飛揚致し

（1854年8月2日　福島矢三太宛）27歳

訳

自分の死ぬべき機会を得て、天に飛び立とう

解説

「人には死ぬ意義のあるものが存在する」ということを、西郷は「死の妙所」と表現しています。自分を愛しすぎて命を惜しむようでは大きなことは成せないが、命にこだわらなければ人は強くなれる。若き西郷の覚悟を見ることができる言葉です。「人は何のために死ぬのか」ということは、「人は何のために生きるのか」につながります。生を輝かせるためには何をすべきなのかということを、私たちに問いかけているようです。

人材発掘こそが大切

郡吏《ぐんり》の御しらべ第一の御事

（１８５６年、農政に関する上書）29歳

訳

役人の人選をしっかり行うことが一番重要である

解説

西郷は、17歳から27歳まで藩の農政にたずさわりました。その経験を踏まえた上申書で、特に人事の重要性を強調。育てるのも大事だが、それよりも優れた人を採用することを優先すべきという考え方は、論語の「賢才を挙げよ（優秀な人材を抜てきせよ）」という言葉とも通じるものがあります。自身も早くから現場でもまれた、西郷ならではの〝人事観〟が表れた言葉といえるでしょう。

（1856年12月1日　市来正之丞宛）29歳

自分の欲よりお家の行く末

生涯不犯《ふぼん》にして相守り申すべき段誓《だんせい》を立て申し候

訳

生涯、女子に接しないことを守る誓いを立てました

解説

斉彬に跡継ぎとなる男子が生まれることを願い、自分もそのために禁欲をするということ。主君に跡継ぎが生まれるかどうかというのは、お家の最重要課題ですから、自分の欲を絶つことで「願を掛けた」わけです。西郷はこの後、二度の結婚をし、子供ももうけていますから「生涯不犯の誓」は実際には守られなかったことになりますが、当時、ここまでの覚悟で、主君と薩摩の行く末を案じていたことがよく伝わる言葉です。

ときには心がポッキリ折れることも

船を失い唯《ただ》孤島にたたずみ候故《ゆえ》、如何《いかん》ともしがたく

（1858年8月11日　月照宛）31歳

訳

船を失ってただ孤島にたたずんでいるような私であるため、どうすることもできません……

解説

西郷にとって、まさしく大きな船のような存在だった主君・斉彬。その斉彬が亡くなって後ろ盾を失った西郷は、この書簡を書いた3カ月後、尊攘派の僧・月照とともに船から海に身を投げ、自分だけ助かった後に奄美大島への配置換えとなります。この書簡の「船」や「孤島」は比喩ですが、その表現が現実になったこと、そして、この書簡が月照宛だったことなど、その後の二人を暗示するかのような運命的な言葉です。

自分の利益や命へのこだわりを「捨てた」瞬間

私事土中《わたくしことどちゅう》の死骨

（1858年12月19日　長岡監物宛）31歳

訳

私など、まるで土のなかの死骨のようなものです……

解説

月照と海に身を投じた西郷が、蘇生した後に書いた書簡の一節。月照と身投げをし、結果として助かったものの、やはり自分は死ぬべきだったと恥じて「土中の死骨」と表現しています。その後の西郷は、自分の利益や命に一切のこだわりをもちませんでした。それもこれも、このときに「死骨」になったからなのではないでしょうか。西郷の全人生に貫かれていく思想の原点が、ここに表れています。

蛮勇、犬死などもってのほか

（1859年1月2日　大久保正助宛）32歳

只々《ただただ》死を遂げさえいたし候得ば忠臣と心得候儀、甚《はなは》だ以て悪敷《あしく》御座候

訳　ただ死にさえすれば忠臣になれると考えるのは、とても悪しき思考回路です

解説　この当時、仲間たちは脱藩したうえで幕府の幹部を討つ計画を立てていましたが、西郷としては斉彬の遺志を考慮し、それには乗りませんでした。西郷においては事の大小の分別こそが大事で、ここで死んでも大きなことは成し得ない、と考えていたわけです。先に紹介した「死の妙所」にも通じるように、西郷は命をかけるということの重大さを、若いときから理解していたことがわかります。

憤激の余りに事を急ぎ候ては、益御難《ますます》を重ね奉るべく候

戦いはタイミングを見計らうべし

（1859年1月2日　大久保正助宛）32歳

訳

憤激のあまりに事を急いでは、ますます状況が悪くなるに違いない

解説

西郷は、戦うべきタイミングをつかむことに長けていました。この書簡では、仲間に向けて、怒りに任せて動くのではなく、もう少し耐えてときを待とうと呼びかけています。西郷の特徴は、怒りがあったとしても、それを腹に納めて待てるというところ。怒りですらぐっと腹にためてエネルギーに転換し、ここぞというときに解き放つ。この行動に出る「機」を捉えることこそが大事だということを、西郷は早くから理解していたのです。

第 2 章

理想と現実のギャップに悩める言葉

（1860〜1864）

早わかり西郷の人生②

1860	安政7	33歳	3月、桜田門外にて大老・井伊直弼が尊攘派の水戸浪士、薩摩藩士に暗殺される（桜田門外の変）。
1861	万延2 文久元	34歳	1月、長男・菊次郎が生まれる。 11月、帰藩を命じられる。
1862	文久2	35歳	2月、藩政に復帰。大島三右衛門を名乗る。 3月、島津久光の上京に先立ち下関に入った後、独断で大坂に向かう。 4月、伏見の寺田屋にて倒幕を唱える薩摩藩士を久光の部下が斬殺（寺田屋事件）。 6月、独断での大坂行きを久光にとがめられ、徳之島に配流される。 7月、長女・菊子が生まれる。 8月、江戸から帰藩途中の久光一行が神奈川近郊の生麦でイギリス人を殺傷（生麦事件）。 8月、徳之島から沖永良部島への移動を命じられる。
1863	文久3	36歳	1月、アメリカでリンカーン大統領による奴隷解放宣言。 1月、世界初の地下鉄がロンドンで開業。 3月、新選組が結成される。 3月、徳川家茂が将軍としては229年ぶりに上洛。 5月、長州藩が下関で外国艦船に砲撃。 6月、高杉晋作らが奇兵隊を結成。 7月、薩英戦争。イギリス軍艦が鹿児島を砲撃。 8月、薩摩藩・会津藩が京都から長州藩や尊攘派の公家を追い出す（八月十八日の政変）。
1864	文久4	37歳	2月、大久保利通らの働きかけによって罪を許され、鹿児島に戻る。 6月、池田屋事件が起こる。

この章の主な登場人物

島津久光（しまづ・ひさみつ　1817〜1887）
幕末・明治期の政治家。薩摩藩主・島津斉興の三男で斉彬の異母弟。斉彬の遺命により自身の子である忠義が藩主になると、「国父」として藩政の実権を掌握。新政府には批判的な立場をとり、終生髷を落とさず和装を通した。

島津忠義（しまづ・ただよし　1840〜1897）
最後の薩摩藩主。島津久光の長子。斉彬死去の後、島津家29代の藩主となる。父・久光を国父と尊称して、その補佐を受けながら幕末の藩政を指導。王政復古に際しては議定に任じられ、海陸軍総督に任命される。さらに、国会開設にともない貴族院議員に任じられた。

井伊直弼（いい・なおすけ　1815〜1860）
江戸幕府大老。開国和親を主張し、将軍継嗣問題で一橋派を排し紀州和歌山藩主・徳川慶福（後に家茂）を擁立。勅許を得ずに日米修好通商条約に調印。反対勢力を弾圧した「安政の大獄」で恨みを買い、水戸・薩摩の浪士らに桜田門外で殺された。

徳川慶喜（とくがわ・よしのぶ　1837〜1913）
江戸幕府15代将軍。将軍後見職として徳川家茂を補佐し、その死後、将軍となるも大政奉還して将軍職を辞任。鳥羽・伏見の戦いで敗れ、江戸城開城後は水戸、駿府で謹慎。以後表舞台には立たず、油絵や写真などの趣味の世界に生きた。

奄美大島での潜伏生活で得たもの

第1章で見たように、月照とともに寒中の海に身投げをしたものの、一人生き残ってしまった西郷。同志であった月照を守り切れなかった力不足に加え、自分だけ助かってしまったという罪悪感に打ちひしがれた西郷は、斉彬の後に藩の権力を握った島津久光の命により、奄美大島に身を隠し、菊池源吾と名も変えて潜伏生活を送ることになりました。

「何かしなければ」と思ったところで、どうにもできない状況です。この先のあてもなく、**ただただ焦りだけが募る毎日を過ごす**ことになりました。

当初は何もかもイヤになり、島民のこともさげすんでいた西郷でしたが、半年ほど経ったあたりから変化が現れます。島の子供たちに算術を教えたことをきっかけに、島民と交流をもつことになったのです。

やがて島での生活にも慣れた西郷は、大好きな漁に出る穏やかな生活を楽しむようになりました。そして、**島の豪族の娘と結婚し子供も生まれます**。やれることなど何もなかった日々のなかで、守るべき大事なものを得た西郷。**虚無から生み出された幸福な時間が、西郷を人間的に大きくしていく非常に重要なポイントとなった**のです。

「公武合体」の復活と藩政への復帰

一方、西郷が奄美大島で暮らしている間に、時代は大きく変わろうとしていました。

幕府の大老という座にあって強圧的な政治を行っていた井伊直弼が、1860年3月、江戸城桜田門外で水戸藩士を中心とした集団に襲われて命を奪われたのです。いわゆる**「桜田門外の変」**です。

井伊を失った幕府は、それ以降は幕府単独での政権運営は難しいと考え、朝廷と力を合わせて政治を行う「公武合体」に大きく傾いていくことになります。

一方、薩摩藩は斉彬の死後、その甥にあたる忠義が新藩主となっていました。忠義は、斉彬の異母弟である久光の子です。忠義によって藩主と同等の待遇を受けられる身分となった**久光は、薩摩の「国父」として藩の実権を握りました**。そして、亡き兄・斉彬の遺志である公武合体を実現させるべく、自ら兵を率いて上京しようと画策します。

ただし、久光の上京を成功させるには、京で公家などを切り崩す必要があります。そのためには、**斉彬のもとで朝廷工作を行っていた西郷の力と人脈が必要**でした。そうして帰藩命令を受けた**西郷は、約3年ぶりに鹿児島の地を踏むことになった**のです。

久光との確執と島流しでの修行

1862年2月、3年間過ごした奄美大島に別れを告げ、ついに鹿児島へと帰還した西郷は、幕府に存在を知られないよう、大島三右衛門と改名して藩政に復帰しました。なお、島の家族は当時のルールでは本国に呼び寄せられないため、離れ離れです。

西郷は戻るや否や早速、久光の前で大久保ら藩の首脳と上京計画について協議します。ところが、すでに決定されていた計画の不備を指摘。さらには、

「薩摩藩主だった斉彬公と、無位無官の久光公では相手の遇し方が違いもす。斉彬公のときの計画のまま突き進んでは失敗すること必定《ひつじょう》。久光公は薩摩でこそ国父なれど、一歩国から出れば地五郎《じごろ》（田舎侍の意）でごわす」

と口走ったのです。正論であるとはいえ、ここまではっきり言われると久光も面白くありません。険悪なムードは大久保らのとりなしでどうにか収まったものの、**久光と西郷の間には除去しようもない〝しこり〟が残りました。**

一方、西郷の気持ちも理解できる大久保は、久光の上京計画に協力するよう根気よく説得。最後は西郷が折れて、久光上京の先発隊として下関に向かうことになりました。

ところが西郷が下関に着くと、恐るべき事態が進行しているとの情報が入ってきます。このたびの久光の上京計画は薩摩による武力倒幕が目的であると誤解され、元薩摩藩士を含む全国の脱藩浪士が、久光に加勢して一気に幕府を倒してしまおうと京都や大坂に集結し始めたのです。

もちろん、久光には倒幕の意志など毛頭ありませんでした。**久光が考えていたのは、あくまで兄・斉彬の遺志を受け継いだ公武合体策**です。しかし、久光の思いとは裏腹に、脱藩浪士たちの動きはますます不穏さを増していきました。

次第に緊迫する上方の状況を伝え聞いた西郷は、「この情勢下で久光が入京すれば、久光が倒幕の旗頭にまつり上げられてしまう」と考え、急遽、騒ぎ立てる浪士たちをコントロールすべく上方へと向かいます。

ところが、これが**「下関で待て」という久光の命を無視した勝手な行動と解釈されてしまった**のです。そして久光は部下に対し、西郷を捕縛するよう命じました。

この知らせにショックを受けたのが大久保です。久光を二度も怒らせた西郷に戸惑いを感じたものの、大久保にとって、西郷は尊敬する兄貴のような存在であり、かけがえのない盟友でした。

そこで大久保は、ひそかに兵庫の海岸に西郷を連れ出し、**「いっそのこと刺し違えて死**

のう」と言います。しかし西郷は、「ここで二人とも死んでしまえば、それこそいままでの努力が無駄になる」と答え、すべてを天命と受け入れることにしました。

　こうして西郷は、**奄美大島から戻ってきてからわずか4カ月で、奄美よりさらに遠い徳《とく》之島《のしま》へと流されることとなった**のです。徳之島に着いた西郷のもとに正式な罪状が届き、**島流しのなかでも、もっとも罪状の重い〝沖永良部島《おきのえらぶじま》行き〟を命じられる**ことになりました。しかも、**給与、財産の没収、弟たちの謹慎処分なども同時に言い渡された**のです。

　奄美行きのときとは違い、今回は罪人としての島流し。当然のことながら、沖永良部島での生活は苛烈をきわめました。高温多湿の沖永良部島で、雨風もしのげない粗末な牢獄に入れられた西郷は、三度の食事以外は水や食料もろくに口にせず、次第にやせ細って体力も衰えていきます。

　こうした姿を見かねた土地の役人のはからいで座敷牢に移ると、西郷は瞑想や読書に専念。とりわけ、著名な儒学者だった佐藤一斎の『言志四録』を熟読し、これはと思った言葉を書き写して、自らの血肉としました。

　もはや藩政の復帰など望むべくもない西郷は、それもすべて天命だと悟り、見返りを求めることもなく、ただただ修行僧のように己を磨き続けたのです。

イギリスとの一戦が変えた薩摩の命運

西郷が沖永良部島で一切を天命と受け止めて過酷な生活をしていた頃、久光は朝廷から幕政改革の勅許を得ることに成功します。久光は1862年に勅使《ちょくし》である公家の大原重徳《おおはらしげとみ》を伴い、江戸に入府。勅使の大原が第14代将軍・徳川家茂《いえもち》に対し、幕政改革の朝旨《ちょうし》（朝廷の意向）を申し伝えました。ここに**久光は、斉彬の遺志を果たした**のです。

久光は意気揚々と江戸を引き上げますが、道中の生麦村で、馬に乗ったまま行列を突っ切ろうとしたイギリス人を、「無礼だ」と怒った薩摩藩士が斬り殺してしまうという事件が起きます。いわゆる「生麦事件」です。

イギリス代理公使E・ニールは、幕府に対して事件の責任者の処罰と10万ポンドの賠償を請求しました。これに対し、幕府は賠償金を支払っただけで、犯人の引渡しを拒否する薩摩藩を従わせることができません。

やむなくニールは、7隻の艦隊を率いて横浜から薩摩藩に迫りますが、事ここにおよんでも薩摩藩が回答をはぐらかし続けたため、業を煮やしたイギリス艦隊は鹿児島を砲撃。ここに「薩英《さつえい》戦争」が始まります。

戦場では、薩摩藩の旧式砲の4倍の射程をもつイギリス軍のアームストロング砲が威力を発揮。台風も襲来していたため、砲火を浴びた鹿児島城下は風にあおられて火の海となり、城下の約1割が焼失したといわれています。この戦争で、薩摩側はイギリス海軍の威力をイヤというほど知らされ、無謀な攘夷を反省する機運が生じたのです。

ただ、薩摩側の人的被害は少なく、実はむしろイギリス側の被害のほうが深刻でした。イギリス側は暴風による損害のほか、戦死者が13名、負傷者が50名におよび、武器や食糧の不足もあって勝敗不明のまま横浜へ退去したのです。

講和については、薩摩は大久保利通らを交渉委員に立て、賠償金を幕府に立て替えてもらう一方、イギリス側も薩摩の軍艦購入を周旋するなどの条件で成約。以後、薩英関係は急速に緊密となっていきます。まさに「昨日の敵は今日の友」そのものです。

京の政変が招いた思わぬ〝追い風〟

さて、「田舎侍の久光では無理」という西郷の予想に反し、島津久光が武力を背景に幕府に幕政改革を迫ったことは、それなりの成果を残しました。ただ、政治の表舞台となっていた当時の京都では、尊王攘夷派の長州藩の勢いが増しており、いまさら公武合体を唱える薩摩藩の影はすっかり薄くなっていたのです。

長州は攘夷を強く望む朝廷を巧みに操り、無茶な攘夷命令を幕府に連発させます。長州自身も下関で外国船を攻撃しました。

しかし、あまりの過激さに、朝廷も次第に長州に対して疑問をもつようになります。そこで、この機に乗じて薩摩は会津と手を結び、1863年8月18日、軍を出して御所を封鎖。尊攘派の公家や長州藩士を追放したのです。

この「八月十八日の政変」により、薩摩は京都における存在感を示すはずでしたが、**幕府と一蓮托生の会津藩と結んだことにより、勤王派と思われていた薩摩の評判は、かえって落ちてしまいます**。さらに、薩摩が提唱した幕府要人と雄藩の有力者による新たな合議制度も、将軍後見職・一橋（徳川）慶喜によって形骸化させられた結果、薩摩藩の政治的な立ち位置は非常に微妙なものとなってしまいました。

行き詰まった薩摩藩内では、西郷の復帰を求める声が強くなります。その勢いを無視できなくなった久光は、しぶしぶ西郷の赦免を認めました。そして1864年2月21日、沖永良部島にいた西郷のもとに、赦免の使者が到着したのです。

こうした激動の時代において、一人カヤの外に置かれた形となってしまった西郷は何を考え、何を思っていたのか。その〝焦り〟と〝悟り〟の言葉を見ていきましょう。

飛べないブタはただのブタなのか

此の一ヶ年の間豚同様にて罷《まか》り在《あ》り候

（1860年2月28日　大久保正助ほか3人宛）33歳

訳　この1年間、まるでブタのように過ごしております……

解説

島津久光から奄美大島行きを命じられた1年後に書いた書簡です。まさに中堅どころとして、バリバリ働きたい盛りに仕事をさせてもらえないのですから、フラストレーションはたまるばかり。「まるでブタのように生活している」と自嘲しているあたりは、西郷のユーモアが感じられますが、この後、「ブタから姿を変えて走り出したい」と続いているように、今後の人生への焦りと不安に苛まされていた30代の西郷の心情もまた、よく伝わってきます。

家族を守り忠義を尽くす

息のある限りは微忠を献じ奉り候

（1860年2月28日　大久保正助ほか3人宛）33歳

訳

生きている限りは、ささやかながら忠義を尽くしたく思います

解説

右ページで紹介した「豚同様にて……」と同じ書簡にある一節です。この頃の西郷には「土中の死骨だから……」という諦観はなく、むしろ、〝すでに死んだ身〟だと思うからこそ「ブタのように過ごす」日々から脱却し、命のある限り奉公がしたいと考えるようになっていました。奄美大島行きを命じられたときに感じたショックは、島で家族ができたことも手伝ってか、「改めて国のために働きたい」というポジティブなエネルギーに転換されたことがわかります。

飲めないのに一日中祝い酒

早天《そうてん》より焼酎呑み方《かた》にて、終日酔い居《お》り申し候

（1861年3月4日　税所喜三左衛門 大久保正助宛）34歳

訳

朝から焼酎を飲む有様で、一日中、気持ちよく酔っていました

解説

この書簡では、大老・井伊直弼が暗殺された桜田門外の変の1周年として、祝い酒の焼酎を日がな1日飲んで酔っぱらったことが記されています。安政の大獄は、月照や橋本左内など、多くの信頼できる仲間を失うきっかけとなった事件であり、自身が奄美大島に逃げて隠れなければならなくなった要因です。実はお酒をほとんど飲めなかったという西郷が、終日飲み明かしたわけですから、心からその怒り、憂さを晴らしたことがよくわかる一文です。

非常時には非常時のやり方で

（1862年7月末頃　木場伝内宛）35歳

非常の備えを成し、非常の事を成され候には、平常の処《ところ》を以《もっ》て出来《でき》申さず

訳

これ以上ない準備をしたうえで、前代未聞のことを行うわけですから、いつものやり方ではできないわけです

解説

西郷は、幕政改革のためには諸藩の合従連衡が必要であることを、「非常時には非常時の考え方がある」という表現で久光に説きました。難局を乗り切るためには、前例にこだわるのはやめたほうがいいというわけです。実は追い込まれているのに、なんとなく「大丈夫だろう」と楽観視することを「正常性バイアス」と言いますが、そこから脱して〝本当の危機感〟を抱く必要性を、西郷は感じていたのです。

付き合うならば心からの信頼が必要

小人《しょうじん》の党は利を以て相結び候

（1862年7月末頃　木場伝内宛）35歳

訳

器の小さい人たちの組織は、利害によってのみ結ばれています

解説

小人というのは君子の反対で、徳に欠ける人のこと。論語にある「君子は和して同ぜず、小人は同じて和せず（君子は人と仲よく過ごすけれども、決して馴れ合いで付き合ったりはしない。逆に、小人というのは、誰とでもノリで仲よくしてしまうが、信念の通じ合う本当の付き合いはできない）」に通じる言葉です。同じく論語には「君子は義に喩《さと》り、小人は利に喩《さと》る」ともあります。利によって動くことなく、どこまでも「義」や「仁」を重んじる西郷らしい言葉といえるでしょう。

誠の心がまず何よりも大事

（1862年7月末頃　木場伝内宛）35歳

大事に懸《か》け候ては、只誠心《ただせいしん》を以て尽さず候わでは決して相成らず

訳

大事に取り掛かるときは、ただただ「誠意」を尽くさなければ絶対にうまくいかない

解説

勝海舟が「西郷に及ぶことができないのは、その大胆識と大誠意とにある」（『氷川清話』）と語ったように、「誠の心で臨む」ということが、この当時から西郷のモットーでした。誠意さえ尽くしていれば、仮に失敗しても、共感して決起する人も出てくるから、結果として大事を成し遂げられるということです。「真心」や「誠心」は「智仁勇」の「仁」にあたります。こうした相手に対する「誠心」という言葉が、西郷の人生を貫くキーワードになるのです。

二度目の出来事には決して動じず

此《こ》の度《たび》は徳之島より二度出《いで》申さずと明《あき》らめ候

（1862年7月末頃　木場伝内宛）35歳

訳

今回ばかりは、徳之島から二度と出ることはないのだとあきらめています

解説

奄美大島では毎日が苦しかったが、徳之島では「再び島を出ることはないと腹を決めたら、心安らかだ」と書いています。ショックも二度目になると、覚悟が決まりやすいということなのでしょう。私も、最初の連載打ち切りはショックでしたが、二度目からは「始まるものは終わるもの」と達観するようになったものです。ショックへの耐性を得た西郷は、この徳之島からさらに沖永良部島へと流され、そこで、いっそう人間性を磨くことになります。

先がわからないからこそ気を強くもつ

人間は如何《いか》の事かも先の知らんもの故《ゆえ》、先々《さきざき》御《お》気強く御《ご》勤務御励み成さるべく候

（1863年3月21日　得藤長宛）36歳

訳

人は将来のことなどわからないのですから、この先もお気を強くもち、仕事に精を出してください

解説

沖永良部島で暮らしていたときの書簡より。奄美大島への配置換えと違い、このときは罪人として島に流されました。西郷はこの島で「学者にでもなれそうな塩梅《あんばい》です」と書くぐらい勉強に励み、自分を徹底的に磨きます。その結果、「先がわからないからどうでもいい」となりがちなところ、「わからないからこそ気を強くもつ」という発想に至ったのです。機会を逃さないためにも、常に腹を据えた前向きな構えを心がけることが大切だということを教えてくれます。

厳しい状況ほど燃える闘魂

責めに逢えば逢う程《ほど》益《ますます》志は堅固に罷《まか》り成り申し候

（1863年9月26日　米良助右衛門宛）36歳

訳

責められれば責められるほど、私の志はますます確固たるものになっていきます

解説

沖永良部島に流された西郷は読書に励み、思索にふけりました。佐藤一斎の『言志四録』を抜き書きしていたのは、この頃のこと。『言志四録』には、志が磨かれる言葉が非常に多く、過酷な環境でそうした言葉の数々に触れることによって、西郷の志はいよいよ強くなったのです。「責めに逢えば逢う程」というところに、自分の置かれた状況に負けずストイックに成長を目指す西郷の決意がにじんでいます。

民の喜びこそ自分の喜び

（1864年　与人・間切横目役大躰）37歳

万民の疾苦《しっく》は自分の疾苦にいたし、万民の歓楽は自分の歓楽といたし、日々天意を欺《あざむ》かず

訳

民の苦しみを自分の苦しみとし、民の喜びを自分の喜びとして、日々、天を裏切ることなど決してしないこと

解説

この書簡では役人の覚悟について説いています。「天意を欺かず」という文言に、常に西郷は「天」を意識して行動していたことがうかがえます。このほかにも同書簡で「上に立つ者は私利私欲を抑えて民の心を得なければいけない」とも書いており、「役人というものは民の保護者でなければならぬ」という西郷の思想がよく表れています。現代風にいえば、まさに「リーダーの心得」といったところでしょう。

どん底のときにこそ見える本当の自分

（1862〜1863年頃　漢詩）35〜36歳頃

獄裡《ごくり》の氷心《ひょうしん》苦辛に甘んず。辛酸《しんさん》骨《ほね》に透《とお》って吾《わ》が真を看《み》る

訳

透徹した心持ちで、獄中のツラさに耐えている。辛酸が骨身にしみてはじめて、自分の真の姿、心もわかるものだ

解説

「獄裡の氷心」とは「冷たい心」という意味ではなく、透き通った心、周りに惑わされない心のこと。とことん辛酸をなめる境遇に置かれると、はじめて「本当の自分とは何か」がわかるという意味です。人生では、しばしば病気や失恋などのツラい目に遭ったからこそ、自身の本質を見出せることがあります。苦しい経験こそが人を鍛えるというのは、この西郷の姿を見ても古今東西普遍の真理であることがわかるのではないでしょうか。

人生、いいときもあれば悪いときもある

人生の浮沈晦明《かいめい》に似たり

（1862〜1864年頃　漢詩）35〜37歳頃

訳

人生の浮き沈みは、まるで交互にやってくる夜と昼のようだ

解説

沖永良部島への流罪中につくった漢詩の一節で、「晦明」とは暗さ（夜）と明るさ（昼）です。国事に奔走していたところから急転直下、流刑とされた我が身を達観します。ただ、そうした身の上でありながら、この漢詩を「願はくは魂魄《こんぱく》を留めて皇城《こうじょう》を護《まも》らん（たとえ死しても魂をとどめて皇城〈＝天皇〉を護る）」と締めているように、西郷は、どんな状況でも自身の仕事、使命に対する熱い思いが冷めることはなかったのです。

人のことよりまず自分の精神を養おう

自ら精神を養うて人を咎《とが》めず

（1862〜1864年頃　漢詩）35〜37歳頃

訳

他人のことは言うまい。ただ自分の精神を鍛えよう

解説

現代の人は、「精神を養う」とは、あまり言いません。この「精神」とは「心」と似ているようで、実は少々違う概念です。「精神を涵養《かんよう》する」という言葉がありますが、精神とは、いわば鉄を鍛え上げて刀にしていくように、自らつくり上げるもの。心は移り変わりやすいものですが、精神は揺るぎなきワザとなります。そうした精神を養うことで、人を非難したくなる気持ちもなくなるということ。精神を養えば、他人に寛容になれるということを、西郷は島での生活で悟ったのです。

温泉とお酒という最強コンビ

（1862〜1864年頃　漢詩）35〜37歳頃

満垢《まんこう》を湯浴《ゆよく》に澆《そそ》ぎ、重愁《じゅうしゅう》を酒醇《しゅじゅん》に散ず

訳

風呂で垢を落としてさっぱりし、焼酎で重い憂いを晴らす

解説

沖永良部島では、地元の人や同じく流罪の人たちのはからいにより、流人でありながらときには湯に入って焼酎も飲めたようです。以前、私が出演していたテレビ番組で、酔っぱらいにインタビューするというコーナーがありましたが、上司と部下が仲良く酔っぱらっている光景に、「これが生きているということだ」と感じたものです。ピンと張り詰めてばかりでなく、ときには緩めることも、人生を充実させるうえでまた、重要なことなのです。

他人の評価なんてまったく無意味

（1862〜1864年頃　漢詩）35〜37歳頃

世上《せじょう》の毀誉《きよ》、軽きこと塵《ちり》に似たり

訳

世の中の毀誉褒貶《ほうへん》は軽く浮ついたもので、まるでホコリみたいなものだ

解説

島で暮らし続けるうちに、西郷は世の中の毀誉褒貶を「ホコリのようだ」と切り捨てられるほど、心のブレがなくなります。いわば藩の若手エースから罪人に転落したわけですから、当然悪口、陰口も叩かれたことでしょう。それでも、流刑の地にあって精神を鍛え上げ、他人からの評価にいちいち惑わされなくなった西郷。SNSが発達し、世上の評判が容赦なく襲ってくる現代の人こそ、こうしたメンタルのあり方を見習うべきなのではないでしょうか。

第3章

リーダーとして才気あふれる言葉

（1864〜1868）

早わかり西郷の人生③

1864	元治元	37歳	7月、禁門の変。薩摩藩士を指揮し長州軍を撃退する。 8月、英仏米蘭の4国艦隊下関砲撃事件が起こる。 9月、大坂で勝海舟とはじめて会談する。 10月、征長総督・徳川慶勝から征長軍全権を委任され参謀格となる。 11月、長州に乗り込み第一次長州征討の講和をまとめる。 この年から西郷吉之助と名乗る。
1865	元治2 慶応元	38歳	1月、岩山糸子と結婚する。 4月、元土佐藩士・坂本龍馬を伴い帰藩する。
1866	慶応2	39歳	1月、薩長同盟を結ぶ。 6月、第二次長州征討が始まる（薩摩藩は参加を拒否）。 8月、長州征討が中止される。 12月、徳川慶喜が15代将軍になる。
1867	慶応3	40歳	10月、倒幕の密勅が下されたことを受け、慶喜が朝廷へ大政を奉還。 11月、坂本龍馬が京都で暗殺される。 12月、王政復古の大号令により樹立された新政府に参加。小御所会議において慶喜の官位返上、領地没収が決定される。
1868	慶応4 明治元	41歳	1月、戊辰戦争の緒戦となる鳥羽・伏見の戦いで勝利。 2月、東征大総督府の参謀に就任。 3月、勝海舟と薩摩藩江戸藩邸で会談し、江戸城無血開城が決定。 4月、江戸城に入城。 5月、上野戦争に参加する。 11月、帰藩する。

この章の主な登場人物

勝海舟（かつ・かいしゅう　1823〜1899）

幕末から明治期の幕臣・政治家。幕府使節とともに咸臨丸に乗り込み渡米。帰国後は、幕府海軍育成に尽力した。幕府側代表として西郷隆盛と会見し、江戸城無血開城を実現。明治維新後は海軍卿・枢密顧問官などを歴任した。晩年の回顧録『氷川清話』も有名。

坂本龍馬（さかもと・りょうま　1836〜1867）

土佐出身の幕末の志士。黒船来航を背景に尊攘運動が高まるなか、多くの志士と交流し国際的視野に立ち日本の未来像を描く。対立する長州藩と薩摩藩との間に薩長同盟を成立させるのに尽力するも、大政奉還の直後、京の近江屋で暗殺された。

木戸孝允（きど・たかよし　1833〜1877）

長州出身の幕末の志士、明治期の政治家。桂小五郎と称し、後に木戸姓に変更。吉田松陰に師事し、討幕の志士として活躍。明治維新後は、五箇条の御誓文の起草、版籍奉還、廃藩置県などに尽力。征韓論・台湾征討に反対し、西南戦争の最中に病死する。

岩倉具視（いわくら・ともみ　1825〜1883）

江戸から明治期の公卿・政治家。幕末に公武合体を説き、その後、王政復古の実現に参画。明治維新後、右大臣。特命全権大使として欧米の文化・制度を視察し、帰国後は内政に専念。明治憲法の制定にも大きな役割を果たした。

華麗なる復活と人生を変えた出会い

藩の求めに応じ1864年、約1年8カ月ぶりに鹿児島に戻った西郷は、すぐに久光のいる京都に向かい、軍賦役《ぐんぶやく》兼諸藩応接係に任命されることになります。こうして藩の軍事と外交の責任者となった西郷は、京都における薩摩藩の信頼回復に努めました。

一方、前年の「八月十八日の政変」によって力を失った長州ですが、この6月、京都に潜伏中の長州藩士を幕府の新選組が襲撃した「池田屋事件」が起こると、それに報復し京都を奪回すべく軍勢を差し向けてきました。

これに対し、薩摩と会津などからなる連合軍は、御所の前で長州の大軍を迎え撃つことになります。**7月19日早朝、京都御所の蛤《はまぐり》御門《ごもん》などで戦闘が始まると、西郷は薩摩軍を指揮して長州軍をまたたく間に撃退。**この「禁門《きんもん》の変」での活躍により、西郷の名声は大いに高まりました。ちなみに「禁門」とは御所の門の総称です。

禁門の変の直後、幕府は長州征討（征長）を計画し、薩摩にも出兵を要請。21藩からなる征長軍が編成され、その参謀に西郷が就任します。ところが、肝心要の司令官が幕府の内輪もめでなかなか決まりません。しびれを切らした西郷は、当時大坂にいた幕府の高官に会い、文句の一つでも言ってやろうと考えました。その相手が、あの勝海舟です。

ここで勝は、西郷に意外なことを言い始めました。あろうことか、幕臣である勝が幕府の限界を語り始めたのです。

「幕臣にはろくな人材がいない。このままでは外国の脅威に耐えられないから、いっそのこと幕府なんかぶっ壊し、新しい政府のもとで近代化しないと日本は大変なことになる」

このときの西郷は幕府軍の参謀です。幕府とは倒れないもの、倒してはいけないものだという前提で働いてきたのですが、幕府よりも広く「日本」というものを見据える勝に、西郷は目を開かれた思いがしました。

この瞬間、西郷は行動の基準を「幕府にとって得策か？」ではなく、「日本にとって得策か？」ということにシフトさせるのです。

自ら死地に飛び込み、戦わずして勝つ

ようやく征長軍の総督に決定した尾張藩主・徳川慶勝《とくがわよしかつ》は、参謀の西郷を非常に信頼し、征長についての見込みや意見を求めました。これに対し、西郷は長州征討のような国内の戦いの無意味さを説きます。

征長軍に参加している諸藩の財政状況も考えると、できることなら武力を使わずに長州を恭順させるべき、というのが西郷の意見でした。もちろんその裏には、藩や幕府という狭い枠ではなく、広く日本全体を考えるという勝海舟との出会いの影響もあります。自身も戦いに消極的だった徳川慶勝はこれに賛同し、征長にかかわる工作の一切を西郷に委任したのです。

そこで西郷が早速提案した作戦は、驚くようなものでした。**自ら単身長州に乗り込み、恭順するように説こう**というのです。さすがに徳川慶勝も西郷を引き留めましたが、これをどうにか説き伏せ、最低限のお供しか付けずに敵地へと乗り込みます。

当時、長州では**「薩賊会奸《さつぞくかいかん》」**という言葉があるほど、薩摩と会津への憎しみが広がっていました。そこにほとんど丸腰で、征長軍の参謀がやって来たわけです。そのまま討ち取るわけにもいかず、長州側は話し合いに応じることにしました。

西郷は、禁門の変の首謀者の処罰と、八月十八日の政変で長州にかくまわれた公家を他藩に移すことを求め、これに応じるならば長州征討は行わないと約束します。

長州としては、禁門の変からこの方、外国船砲撃の報復としてイギリスなどから砲撃を受けるなど、いいことがまったくない状態だったため、西郷の提案はまさに渡りに船でした。こうして、**第一次長州征討は戦火を見ることなく終結**したのです。

どんどん強くなる「昨日の敵」とのきずな

ところが、この処置を甘いと考えた一橋慶喜ら幕府の中枢は、再度、長州を攻めることを決定します。もちろん薩摩藩にも出兵要請が届きますが、薩摩へ帰っていた西郷は、幕府の要請を断るつもりでした。

すでに恭順の意を示している長州をさらに討つのは義に反する、と考えたからです。そこで、今回の対立は幕府と長州の「私闘」であるため、薩摩は出兵を拒否するという方針で藩論をまとめます。

ただし、これは表向きの理由でした。**長州と薩摩はともに外国と戦った経験から攘夷論を取り下げており、互いに手を組めると考えていた**のです。

仕掛け人となったのは、勝海舟の愛弟子で元土佐藩士の坂本龍馬です。当時、長州藩に武器を売ることを幕府から禁止されていた諸外国になり代わり、**龍馬自らが設立した「亀《かめ》山社中《やましゃちゅう》」が薩摩と長州との間に入って、薩摩藩名義で外国から買った武器を長州藩に横流し**することを思いつきました。それと引き換えに、長州は薩摩に対し豊作だった米を渡すことで、禁門の変以来続いていた両藩のわだかまりを解消しようと考えたのです。

こうして、龍馬の尽力もあり、**１８６６年１月、西郷と長州側の桂小五郎（後の木戸孝允）が話し合い、薩長同盟が成立**します。これを受け、大久保利通が幕府に対し、薩摩の第二次長州征討不参加を通告。**幕府は薩摩抜きで長州征討を行いますが、薩摩から購入した最新鋭の武器をもつ長州に惨敗**します。

これにより幕府の権威は地に落ち、代わりに薩長を中心とする勢力＝雄藩が主役に躍り出て、日本の大転換が行われることになるのです。

時代を動かした西郷凄みの一言

さらに西郷、大久保らは雄藩による連合を目指し、１８６７年６月に土佐藩との間に薩土盟約を締結。同時に武力倒幕を決意します。

ところが、10月に朝廷が**「倒幕の密勅《みっちょく》」**を出すと、前年の12月に第15代将軍となった徳川慶喜は、さっさと**「大政奉還」**を申し出て、朝廷に政権を返上してしまいます。政権を返上されたからといって朝廷には政策実行能力などないのだから、結局は徳川家に泣きついてくるに違いないと慶喜は読んでいました。実際、いきなり大政奉還された朝廷は倒幕の密勅を取り消します。こうして、すべて慶喜の狙い通りに展開していったのです。

これに危機感を覚えた西郷らは、薩摩藩主・島津忠義とともに兵を率いて京都に向かい、12月9日、土佐藩などとともに御所を封鎖。幕府派の公家を追い出すと、大政奉還を形骸化させないために、慶喜から返上された権力を行使する新政府の発足を宣言します。いわゆる**「王政復古の大号令」**です。さらにその夜には、御所内の小御所において、慶喜の処分を討議する会議を開催。あくまで慶喜を権力の座から引きずり降ろそうと画策しました。

ところが、この「小御所会議」の途中、前土佐藩主の山内容堂が「この会議に慶喜公が参加していないのはおかしい」と発言すると、場の雰囲気が傾きかけます。**御所を警備していた西郷も、会議の休憩の際にこの様子を伝え聞きました。そこで、助言を求めてきた討幕派の公家・岩倉具視に「短刀一本で用は足りもす」という強烈なハッパをかけます。**

要するに、**容堂と刺し違える覚悟で説得せよ**ということです。これを受けて岩倉も死ぬ気で説得にあたり、ついに**慶喜の官位取り上げ、および領地没収が決定**しました。

策略と交渉で成し遂げた〝平和的〟大転換

こうして、形式上、幕府は消滅したことになりますが、とはいえ依然として無傷の幕府軍が残っている状況です。これをそのままにしておくわけにはいかないと、西郷は武力によって慶喜らを排除し、徳川家をつぶすしかないと決意します。**そこで西郷は、戦いの大義名分を得るべく、江戸でわざと騒乱を起こさせて旧幕府側を挑発し、相手から仕掛けてくる状況をつくった**のです。

果たして、西郷の策略は当たりました。庄内藩を中心とした幕府支持勢力が、江戸の薩摩藩邸を焼き討ちしたのです。大坂城に集結していた旧幕府軍もこれを伝え聞くと「薩長討つべし」の機運が盛り上がり、ついに慶喜もこれを抑えきれなくなりました。

こうして、大坂城を進発した旧幕府軍と新政府軍は、京都郊外の鳥羽・伏見で激突。ここに、戊辰戦争の火ぶたが切って落とされたのです。

兵力に勝る旧幕府軍でしたが、**西郷の進言で前線に「錦《にしき》の御旗《みはた》」が掲げられると、一進一退だった戦況は一変。**「朝敵」となった慶喜も戦意を喪失し、戦いの最中に大坂城を抜け出して江戸に逃げ帰ってしまいます。

日本においては、古来、政治の大変革は天皇の詔勅を得て行われてきました。逆にいえば、朝敵となって戦い続けるのは至難のわざ。あっという間に賊軍の汚名を着せられた旧幕府に対して、当初は日和見していた藩も続々と敵対するようになり、薩長を中心とした「官軍」の兵力は5万人にまで膨れ上がっていきました。

すると、東征大総督府《とうせいだいそうとくふ》下参謀《しもさんぼう》という実質的な討幕軍の最高司令官として、意気揚々と江戸城を目指した西郷のもとに、勝海舟からの会談申し込みが届きます。**西郷と勝は、江戸総攻撃目前の3月13日、14日と2日続けて江戸の薩摩藩邸で二人っきりでとことん話し合い、江戸城無血開城を決めたのです**。勝は後に、自身の回顧録『氷川清話』で、このときのことを次のように語っています。

さて、いよいよ談判になると、西郷は、おれのいうことを一々信用してくれ、その間一点の疑念もはさまなかった。

「いろいろむつかしい議論もありましょうが、私が一身にかけてお引き受けします」

西郷のこの一言で江戸百万の生霊も、その生命と財産を保つことができ、また徳川氏もその滅亡を免れたのだ。

屈辱の島流しからわずか4年。ついに、幕府を倒すという大事業を成し遂げた西郷は、まさに心身ともにもっとも充実した時期を迎えていました。このように、歴史上まれに見る重大な責務を担ったリーダーとして、どのように日本を変えるべきだと考えたのか。その〝答え〟をじっくりご覧ください。

勝海舟との驚愕の初対面

最初は打叩く賦《つもり》にて差し越し候処《ところ》、頓《とん》と頭を下げ申し候

（1864年9月16日　大久保一蔵宛）37歳

訳

はじめはやっつけるつもりで行ったのですが、実際には、まったく頭が下がるばかりでした……

解説

江戸城無血開城に先立つこと4年、西郷ははじめて勝海舟と会見しました。当時の勝は幕府軍艦奉行という立場でしたが、幕府の腐敗ぶりを訴え、さらに将来の「共和政治」の必要性まで説いています。これにはケンカ腰だった西郷も、「頓と頭を下げ」るしかなく、さらに「どれ丈《だ》ケか智略のあるやら知れぬ塩梅に見受け申し候」と衝撃を正直に吐露したのです。まさに先入観にとらわれず、認めるべきはすぐに認めるという西郷の素直さが表れています。

プロジェクトリーダーに〝予算感覚〟は必須

のるかそるかの仕事をいたしたく相含み居り申し候

（1864年9月16日　大久保一蔵宛）37歳

訳

のるかそるか、そういう大事業をやってのけたいと思っているところなのです

解説

勝海舟との出会いを書いた書簡では、藩財政についても細かく指示を出しています。資金繰りが厳しいなか、砂糖や煙草などの薩摩の特産品を売って銅や糸などの品に換えるべきと述べており、その後に「ヒマがあれば自分も商売をやってみる」と続けています。意外にも経済感覚も鋭かった西郷。やはり、「のるかそるかの仕事」を成功に導くためにも、リーダーたる者「予算管理」をきちんとすべきという原則は、いまも昔も変わりはないのです。

戦争は面倒くさい……

現事《あきつこと》に相成り候ては実に難儀なものにて、またとは望みたくこれなく候

（1865年3月21日　得藤長宛）38歳

訳

戦は実際にその場になってみると実に大変なもので、二度は望まないようになります

解説

自他ともに認める戦好きだったはずが、実際にやってみると大変だったという感想がポロリ。島流しから一転、やりがいのある仕事に就けた喜びを披露する反面、やっぱり戦争はもうやりたくない、とある種の本音を明らかにしています。西郷には「好戦家」という評価もありますが、実際の戦場に出ているからこそ、戦う意義からその悲惨さまで頭と体で理解しているのでしょう。戦争の何たるかを深く考察したことがうかがえる一文です。

コストベネフィットをしっかり捉える

諸方へ大いに費用を増し候儀、有眼のもの恥ずべき事には御座ある間敷《まじく》

（1865年12月6日　蓑田伝兵衛宛）38歳

訳

あちこちで無駄な経費を使うのは、心ある者なら恥ずべきことでしょう

解説

こちらも西郷の経済観念がうかがえる言葉です。無駄な経費を使わずに、というのは、しごくまっとうな意見に違いありません。西郷は、かつて藩の郡方書役助（農政や税にまつわる役所の事務官補助）を長く務めたという経歴の持ち主。この書簡では、コストのかかる藩邸の引き払いなども主張しているように、西郷は情に厚い一方、コストベネフィット感をしっかり捉えた、きわめてプラグマティックな一面も兼ね備えていたことがよくわかります。

交渉の切り札は「ハラキリ」

異人は自刃《じじん》いたし候儀は出来申さざる由《よし》に御座候

（1867年8月4日　桂右衛門宛）40歳

訳

外国人は切腹するということなど、できはしないのです

解説

動乱に乗じて日本の内政に干渉しようとするイギリス人外交官アーネスト・サトウに、「日本のことは日本人でやる」と、その介入を拒絶したことを記した書簡に出てくる一文。日本人が外国人をびっくりさせて、日本側のペースに巻き込む策が一つだけあるとすれば、それは〝切腹〟であると述べており、「彼らの目の前で腹を切ったら肝を冷やすだろう」と続けています。現在でも日本の武士に「ハラキリ」をイメージする外国人は多いですが、いざというときの武士の覚悟、凄みを、西郷は交渉のカードにすらできると踏んでいたのです。

ピンチにこそチャンスあり

戦いを決し候て死中活《しちゅうかつ》を得るの御着眼最も急務と存じ奉り候

（1867年12月8日　岩倉具視宛）40歳

訳

勝負に出ることを決心し、ギリギリのところで道を見出すことこそ急務だと思います

解説

「死中に活を得る（死中得活）」は慣用句で、現代風にいえば、「ギリギリまで追い込まれたところでプラスに逆転させる」ということでしょう。これは書簡を宛てた相手である岩倉具視が王政復古を前にしてひるんでいるので、ここが勝負所と見定め、そのお尻を叩いているという状況です。「好んで戦いをやるわけではない」と続いているものの、いざというときは戦うという気概がないと、「死中に活を得る」ことはできないということなのです。

言うまでもないことをあえて念押し

皇国今日《こんにち》の危うきに至り候事、大罪の幕《ばく》に帰するは論を待たず

（1867年12月8日　岩倉具視宛）40歳

訳

我が皇国が今日の危機に至った大罪の責任は、幕府にあること論をまちません

解説

前ページで紹介した岩倉具視に宛てた書簡の一節です。外圧に抗しきれず、不平等条約を結んだ責任は幕府にあると述べ、徳川慶喜の領地および官位を朝廷に返上させるなどの条件を飲ませるよう、なおも煮え切らない公家たちに決意を促しています。一種、公家を脅迫したともいえるこの書簡には、きわめて明快な論理で大義名分を示す「知」と、相手が誰であっても物怖じしない「勇」など、西郷の〝資質〟が随所に表れているといえるでしょう。

なぜ決戦に〝旗〟が欠かせないのか

錦旗《きんき》を押し立て、東寺《とうじ》に本陣を御据《すえ》下され候得ば、一倍官軍の勢いを増し候

（1868年1月3日　大久保一蔵宛）41歳

訳

錦の御旗を押し立てて東寺に本陣を置いていただければ、官軍の勢いはひときわ増すことでしょう

解説

日本には、錦の御旗を誰がもつか、それによって勝敗がおよそ決してしまうという、独特の〝法則〟があります。一種の〝言霊〟のようなもので、「官軍」となれば士気は一気に高まり、「賊軍」といわれると急に萎えてしまうのです。ですから西郷は、錦の御旗を立てるよう大久保にせっついたのでしょう。なお、薩摩藩の本営であった東寺に掲げられた実際の錦の御旗は、岩倉具視の腹心が描いたデザインをもとに、大久保が密造させたものといわれています。

長い会議はいつの時代も無駄のかたまり

長評議《ながひょうぎ》に因循《いんじゅん》を積み重ね候ては、千歳《ちとせ》の遺恨《いこん》と存じ奉り候

（1868年2月2日　大久保一蔵宛）41歳

訳

長談義でああでもないこうでもないを繰り返していると、1000年分の悔いを残すことになるでしょう

解説

朝廷の奥に鎮座ましましているだけのお公家さんたちは、およそ現実感覚、危機感といったものを欠いていたのでしょう。彼らが話し合っても、何ら生産的でないことを延々と議論するだけ。しかも結論も出ず機を逸してしまうということに対する、西郷のイライラがよく伝わってきます。無駄に長い会議と聞いて、思い当たる節がある人も多いのでは。現代のビジネスパーソンも、西郷のこの言葉を改めて噛みしめるべきではないでしょうか。

第4章

気合、失意、そして悟りの言葉

（1869～1873）

早わかり西郷の人生④

1869	明治2	42歳	1月、明治政府からの出仕要請を拒否。 5月、戊辰戦争終結。 6月、明治政府が版籍奉還を実施。
1870	明治3	43歳	7月、藩の大参事に就任。
1871	明治4	44歳	2月、御親兵創設を計画。 4月、兵を率いて上京。 6月、参議に就任。 7月、廃藩置県を主導。 11月、岩倉具視、大久保利通ら使節団が欧米訪問に出る。
1872	明治5	45歳	2月、陸軍省・海軍省が設置される。 5月、明治天皇の西日本視察に同行。 9月、新橋～横浜間に日本初の鉄道開通。 11月、徴兵制を導入。 12月、暦が太陽暦に変更される。
1873	明治6	46歳	5月、陸軍大将兼参議となる。大久保利通帰国。 5月、朝鮮の釜山で日本を侮辱する書が掲示されていたことが報告される。 6月、朝鮮問題が議題に上がる。 8月、朝鮮への使節となることが閣議決定される。 9月、岩倉具視帰国。 10月、岩倉、大久保らの画策により西郷の朝鮮派遣無期延期の意見書が天皇に承認されたことを受け辞表を提出。板垣退助、江藤新平、後藤象二郎らも辞表提出（明治六年の政変）。

この章の主な登場人物

大村益次郎（おおむら・ますじろう　1824～1869）

幕末・明治期の軍政家。明治軍制の創設者。旧名は村田蔵六。緒方洪庵の門で蘭学と医学を学ぶ。戊辰戦争においてすぐれた軍才を発揮。日本の兵制の近代化に尽力したが、反対派浪士に襲われて死去する。

江藤新平（えとう・しんぺい　1834～1874）

幕末・明治期の政治家。佐賀藩を脱藩して尊王攘夷運動に参加。維新後は司法卿として近代司法制度の確立に尽力。後に参議となり「征韓論」を唱える西郷に同調したが敗れて下野。佐賀の乱を起こし、鎮圧され刑死した。

板垣退助（いたがき・たいすけ　1837～1919）

明治期の政治家。戊辰戦争で東征大総督府参謀を務め、維新後は新政府の参議。征韓論で下野後、「民撰議院設立建白書」を提出、さらに立志社を立ち上げ自由民権運動を指導。大隈重信と日本最初の政党内閣を組織し、内相となる。

伊藤博文（いとう・ひろぶみ　1841～1909）

明治期の政治家。長州出身で吉田松陰に学び倒幕運動に参加。大久保利通の死後、内務卿となる。明治憲法立案にあたり内閣制度を創設。初代総理大臣。日露戦争後、初代韓国統監となるも、ハルビンで韓国の独立運動家に暗殺された。

戊辰戦争の終結と鹿児島への帰郷

1868年、江戸城は無血開城され、徳川慶喜は水戸で謹慎ということになりましたが、そこで戦争が終わったわけではありません。その後も旧幕府勢力や東北の諸藩は、新政府に対して抵抗し続けたのです。

旧幕臣を中心として結成された彰義隊《しょうぎたい》が、江戸の各地で新政府軍と衝突。やがて、上野の山に集結しましたが、京都から派遣された長州藩士・大村益次郎の指揮により壊滅します。西郷もこの上野戦争に参加しますが、大村の天才的な指揮ぶりに安心し、後を大村に任せて京都に引き返し、すぐに鹿児島へ帰郷します。

その後、藩兵を率いて新潟に上陸しましたが、西郷が到着したときには戦闘は終結していました。さらに、兵を率いて東北各地を踏破していきましたが、ほとんどが無抵抗。旧幕臣の榎本武揚《えのもとたけあき》や新選組の土方歳三《ひじかたとしぞう》らが立てこもっていた函館へ援軍に向かったものの、すでに彼らが拠点とした五稜郭《ごりょうかく》は陥落していました。

こうして上野戦争後、ほとんど戦うことなく戊辰戦争の終結を見届けた西郷は、新政府への出仕を辞退して鹿児島に帰ってしまいます。そして、**野山に出て狩猟をし、温泉に入**

るという自然な暮らしを満喫することにしたのです。

西郷なしでは立ちゆかない〝汚れた新政府〟

しかしながら、西郷が隠居し続けることを周囲は許しません。維新後の薩摩には問題が山積しており、なかでも、**戊辰戦争に参加した下級藩士と、薩摩に残っていた上級藩士との対立が激化**していたのです。

藩主としてこの問題に手を焼いていた島津忠義は、自ら西郷のもとを訪れて藩政参加を要請。さすがに藩主から直々に頼まれたとあっては西郷も断ることはできず、藩の「参政」という職に就きます。

そして、**命をかけて戦った下級藩士の気持ちをくんで、家柄や血統だけを背景として上級藩士となっている者の特権を剥奪《はくだつ》し、改めて兵制の整備を進めるなど、その手腕を発揮**したのです。

一方、新政府の中軸となった大久保利通は、維新の功労者である西郷のいない政府の将来を懸念していました。新政府のポストについて、薩摩と長州の間で派閥争いが起こったり、猟官運動の末に役人になった者が豪邸に住んで愛人を囲ったりするなど、**一体何のた**

めに維新が行われたのか、まったくわからないといった有様だったのです。

さらには、民衆に対して横暴な態度を振るう者も現れる始末で、失望感を抱いた民衆が各地で一揆を起こすことも少なくありませんでした。

こうした状況のなか、**求心力に乏しい新政府には、西郷隆盛という〝カリスマ〟がどうしても必要**となってきます。そこで、大久保らは西郷を東京に呼び戻し、その力や徳望をもって一大改革をやり遂げようと考えたのです。

大久保は西郷の弟・従道《つぐみち》を派遣して説得にあたらせ、続いて自身も岩倉具視を伴って鹿児島に入りました。さすがの西郷も、これには重い腰を上げざるを得ません。こうして、**汚職の横行する政府を正すべく、再び東京に向かうこととなった**のです。

新しい国を完成させた勇気ある決断

王政復古以来、明治新政府の指導者たちは欧米先進諸国の中央集権国家体制を目指し、諸藩の廃止を計画していました。すでに1869年に版籍奉還が実現したものの、実質的には藩体制が存続している状況に変わりありません。そこで、政府は廃藩に踏み切るための準備を進め、1870年9月に藩制改革を命じて、まず課税権を確立したのです。

ところが、**誰もがその先、つまり「廃藩置県」を断行することにはためらいがありました。**藩主から大名の地位と経済的基盤を剥奪することで、諸大名が武装蜂起し、各地で反乱が起こる可能性を憂慮したからです。武力の後ろ盾がない新政府は、その決断がどうしてもできませんでした。

そこで**西郷は、幕府を倒した日本最強の薩摩士族を中心に天皇を守る「御親兵《ごしんぺい》」を編成**し、廃藩置県にあたる際の備えとしました。**たとえ恩義ある主君に弓引くようなことになっても、廃藩置県を断行しなければ維新の完成はないと覚悟を決めてのこと**です。

西郷ら新政府は、こうして薩摩、長州、土佐から合わせて8000人もの兵士を集めて御親兵とし、さらに日本の東西に鎮台を置くことを決定しました。

こうして西郷は軍事面での強化を行うと、新政府の参議に就任し内政の改革にも着手。遅々として進まない廃藩についての会議に出席した際には、

「文句を言う藩があれば、おいどんが御親兵を連れて鎮圧しもす」

と言い放ったといわれるほど、熱を込めて職務にあたりました。

すると、西郷の並々ならぬ決意に後押しされた大久保、木戸孝允らは、1871年7月、事前通告なしに廃藩置県を断行。**西郷の一言をきっかけとして、幕府統治の象徴ともいえる藩が消滅し、ここに名実ともに新しい国の形が完成**することとなったのです。

なお、**廃藩置県の知らせを聞いた島津久光は大激怒**したといいます。自分の特権が、家来である西郷や大久保らの手によって奪われたのですから、恩を仇で返されたという思いもあったでしょう。とはいえ、反抗するにも勇猛な薩摩武士はすべて西郷が連れていってしまっており、久光は結局何もできませんでした。ただ、廃藩が決まった夜にありったけの花火を打ち上げさせ、自身と先祖に対してせめてもの慰みにしたということです。

信頼と実績の〝西郷内閣〟

廃藩置県を完成させると岩倉、大久保、木戸、伊藤博文ら政府の主要メンバーは欧米訪問の旅へ出発しました。諸外国の発展ぶりを調査して日本の近代化のモデルを探るほか、幕府によって結ばれた不平等条約の改正が、その主な目的です。

そこで留守を任されたのが西郷や江藤新平、板垣退助といった面々です。この**西郷を中心とする留守政府は、太陽暦の採用、学校制度の整備、徴兵制の導入、国立銀行条例の公布など、次々と改革を進めました。新橋～横浜間の鉄道開業も留守政府の実績の一つ**です。

また、新たな天皇制を広く国民に知らしめるため、明治天皇の巡行も実施。西日本巡行の一環として、故郷の鹿児島まで天皇に随行し、錦を飾ることになりました。この当時、新政府に対して不満たらたらの久光も、さすがに天皇の随行者となっている西郷には、文句の一つも言えなかったようです。

さて留守内閣は、明治になってからこじれ始めた朝鮮との関係回復にも乗り出しました。新政府は成立以来、朝鮮国王に日朝修好を求めていましたが、朝鮮政府は日本からの外交文書が幕府時代の形式と異なっていることを理由に、国交交渉を拒絶していたのです。

さらに、1873年5月、朝鮮半島南端の釜山《プサン》にあった日本側の滞在用施設の門の前に日本を侮辱する書が掲示されたという報告が伝わると、参議の板垣退助が閣議で、居留民保護を名目とした派兵を主張します。

一方、西郷は「いきなり派兵をするのは反対」としたうえで、まず自分が使節として朝鮮を訪れ、交渉が決裂した場合に出兵すべきだと反論。1873年8月17日の閣議において、いったんは西郷派遣が決定されます。ところがその翌月、欧米視察から帰国した岩倉、大久保らがこれに強硬に反対したのです。

「征韓論」が引き起こした親友との永遠の別れ

その後、10月に行われた閣議でも、大久保は「いまは内政を優先すべき時期だ」と、西郷の朝鮮派遣の延期を主張。西郷は即時派遣を訴え続け、議論は平行線をたどります。
閣内対立は決定的なものとなったものの、結論を出さないわけにはいきません。結局、改めて**閣議決定されたのは西郷の朝鮮派遣**でした。この結論に失望した**大久保は政府に辞表を提出**。太政大臣の三条実美は、西郷と大久保の板挟みとなった状態を気に病んで、床に伏せってしまいました。

ここで大久保は、同じく海外帰りの伊藤博文と一計を案じます。西郷の朝鮮派遣に反対の立場をとる右大臣の岩倉を、病に倒れた三条に代わって最高位となる太政大臣代理に就任させ、天皇から派遣延期のお言葉を得ようと考えたのです。

さっそく岩倉は、派遣延期論を明治天皇に説明し、そのうえで西郷らには、

「改めて、即時派遣か延期かを天皇に決めてもらおう」

と伝えました。これに対して西郷は、

「すでに閣議で朝鮮派遣が決まっているのだから、延期論を天皇に伝える必要はない」

と反発したものの、岩倉は聞く耳を持たなかったため、今度はあきれ返った西郷が10月23日、政府に辞表を提出したのです。

翌日、天皇が西郷の朝鮮派遣延期を正式に表明すると、板垣、江藤、副島種臣《そえじまたねおみ》、後藤象《ごとうしょう》二郎《じろう》といった征韓派が西郷に続いて辞任し、この**「明治六年の政変」**と呼ばれる出来事で

征韓論争は終結します。

それから数日後、西郷は鹿児島に帰郷するにあたり、大久保のもとを訪れました。ここで**大久保は「吉之助《きちのすけ》さぁ（西郷のこと）は、大事なときにすぐに逃げる」と激しく叱責**したといいますが、西郷にはすでに自分の使命は終わったという思いがあったのでしょう。

「あとは一蔵《いちぞう》どん（大久保のこと）がいるから大丈夫だ」

と語り、大久保への信頼を伝える一方、鹿児島に帰る意志は変えませんでした。

これが、薩摩の二才組のころから盟友としてともに歩んできた、西郷と大久保の今生の別れとなることなどつゆ知らず……。

この時代の西郷は、留守政府でのさまざまな改革策の実現など、日本のその後に大きな影響を与える業績を多々残しました。その一方で、後の日本による朝鮮併合と絡めて論じられることも多い「征韓論」や、政争に敗れた後の下野など、西郷への評価が分かれることになる〝事件〟も、やはりこの時期に起きています。

実際の西郷の心のうちは、どのようなものであったのか。彼の言葉から考えてみてほしいと思います。

人材のポイ捨ては絶対に反対

我が物同様に召仕《めしつか》い候て、平定《へいてい》の後《のち》捨て置き候様《よう》の仕向き御座候ては、御徳義に相拘《あいかかわ》る

（1869年5月13日　薩藩知政所宛）42歳

訳
薩摩藩士と同じようにコキ使いながら、事が終わればクビというのは、徳義の道にもとることです

解説
浅田政次郎という他藩出身者をかばう手紙で、戦功があったのなら他国人でも厚く処遇せよということです。都合のよいときにはいいように使って、いらなくなったらポイ捨てというのでは義に反する。まさに、人間を社会の「調整弁」にしてしまった、現代の非正規労働に通じるものがあります。西郷のもつ「仁」こそが、いつの時代でも非常に大切だということが、ここからもわかるのではないでしょうか。

ただただ「義」に生きる

義の一字のみにて相《あい》勤め居《お》り候

（1869年7月8日　桂右衛門宛）42歳

訳

ただ義の一字のみを胸に、職務に励んでいます

解説

親友に宛てた書簡で、西郷は現藩主の忠義と、その父・久光に対して「君臣の情で通じているのではなく、ただ義だけで勤めている」と書いています。要するに、主君は気に入らないが、義がある限り、職務をまっとうするのは当たり前ということです。訓読みすると「ただしい」となる「義」は、利害や情で動くこととは対極にある言葉。好き嫌い以前に、仕えるという「義」を果たすことこそが大事だという、西郷の価値観がよく表れています。

世の評価など競い合ってもしょうがない

夢幻《むげん》の利名《りめい》なんぞ争うに足らん

（1868〜1869　漢詩）

訳

名声などはしょせん夢幻みたいなものだから、わざわざ追うほどのものでもない

解説

戊辰戦争終結後、鹿児島に戻った西郷は、過去の栄光など忘れたかのように農民生活に没頭します。この漢詩の後半にある「願わくは山野に遁《のが》れて天意を畏《おそ》れん」通りの暮らしを実践したのです。現代においては、たとえばフェイスブックの「いいね！」の数など追わずに、ネットから離れて読書をするという行為も一種の「山野」のはず。名声や他人からの評価を忘れることで、もたらされる安らぎがあることを、150年前の西郷が私たちに教えてくれます。

犬のしつけをお頼み申す

（1870年7月23日　山内甚五郎宛）43歳

蘭犬《らんけん》いまだ一ヶ年も満たざるものにて、仕付《しつ》け候わば随分用立ち申し候わん

訳

まだ1歳にもならないオランダ犬がおりまして、しつけをすればかなり役に立つようになるでしょう

解説

知人に犬の訓練を頼んだ手紙です。上野にある西郷像は犬を連れていますが、西南戦争の際ですら犬を伴っていたことからも、いかに西郷が犬を愛していたかがわかります。芋を食べて温泉に入り、犬を連れて狩りをするという質素な暮らしを好んだ西郷。維新第一等の功労者でありながらそれにおごらず、自分に合った、いい意味でのマイペースを守るそのライフスタイルは、忙しい私たちも学ぶべきところ、大いにあるのではないでしょうか。

財へのこだわり一切なし

児孫《じそん》の為《ため》に美田《びでん》を買わず

（1871年　漢詩）44歳

訳

子孫に残すために、素晴らしい田を買うことなど決してしない

解説

西郷のつくった漢詩のなかで、もっとも有名な言葉といっていいでしょう。1871年、庄内藩士との宴席で揮毫《きごう》したとされます。明治政府ができてからしばらくすると、維新の精神はすっかり衰え、要人たちが私腹を肥やすようになっていました。それを見た西郷は失望し、「自分だけはそういうことはすまい」と誓ったのです。自分だけでなく、子孫にも何も残さないというところに、西郷の誰よりも清廉で、潔い性格が表れています。

短時間の頑張りより長期の粘り

（1872年1月12日　桂四郎宛）45歳

一時《いちじ》の奮発は一ト通《ひ》りのものにても出来候得共《できそうろえども》、斯《か》く迄《まで》に持ち張り候儀、只《ただ》常人の及ばざる処《ところ》に御座候

訳　一時的に頑張ることは誰にでもできますが、彼のようにこんなにも粘れる人は、なかなかいないでしょう

解説　これは幕臣・榎本武揚の助命嘆願を訴え続け、ついにはそれを成し遂げた薩摩の黒田清隆への讃辞です。確かに根気よく続けるというのは難しいもの。たとえば、米大リーグのイチロー選手は、大ケガをすることなく、素早い走塁、広い守備範囲、強い肩を変わらず維持し続けています。ケガをしない体をつくるため日々、準備し続けられる根気は驚嘆の一言。こうした「続ける」ということの大切さと難しさを、西郷もわかっていたのです。

宿願の父の借金を全額返済

元利相揃《がんりあいそろ》え差し上げ候こそ相当の訳に御座候

（1872年6月23日　板垣与三次宛）45歳

訳

元金と利息を合わせて返済するのが当然だと思いますが……

解説

父が借りていた200両の返済について、約25年もの間、気になっていながらも放置していたことを詫びる書簡の一節です。このとき、西郷は明治天皇に付き従って鹿児島に戻っていました。天皇のお供をするという大役を務めているのですから「虎の威を借りる狐」になって尊大な態度になり、踏み倒してもおかしくないところです。しかし、そうした状況においてもなお、過去の父の借金を返済することを気にかけているところに、西郷の人柄が愛されたゆえんが垣間見えます。

昼寝は不平士族とともに

当分破裂弾中《はれつだんちゅう》に昼寝いたし居り申し候

（1872年8月12日 大久保一蔵宛）45歳

訳

当分は〝破裂弾〟のなかで昼寝ということになります

解説

近衛都督を拝命したことを受け、西郷は自らの状況を「破裂弾中に昼寝」と表現しています。ここにある「破裂弾」とは不満を溜め込んでいた近衛兵のこと。当時は徴兵制の実現が近かったために、士族だけの軍隊である近衛兵が今後どうなるかは不透明でした。そんななか、彼らの不平不満を抑えられるのは西郷しかいなかったのです。そこにいるだけで周りが落ち着くような人徳があった西郷。その意味で、彼ほど「破裂弾中に昼寝」が似合う男もいないといえるでしょう。

「征韓論」の本気度

死する位の事は相調《ととの》い申すべきかと存じ奉り候

（1873年7月29日　板垣退助宛）46歳

訳 死ぬくらいのことなら、いつでも準備万端です

解説

いわゆる征韓論争において、西郷はまず自分が使節になって朝鮮におもむき、交渉を行うことを主張しました。そのうえで自分が殺されたら、それではじめて朝鮮出兵の大義名分が立つというのです。死を覚悟して国のために尽くしたいという思いと、死に場所を求めているところが感じられます。征韓論にはさまざまな解釈がありますが、少なくとも西郷が、使節として朝鮮に渡ることに並々ならぬ決意を抱いていたことは伝わってくる言葉です。

まずは維新の情熱を取り戻せ

畢竟名分条理《ひっきょうめいぶんじょうり》を正し候儀は、倒幕の根元、御一新の基に候

（1873年8月3日　三条実美宛）46歳

訳

きちんと筋を通すこと、これが倒幕の根本であり、御一新の基本であったはずです

解説

この書簡で西郷は、朝鮮への使節派遣を早く閣議決定するよう、三条実美に迫っています。使節派遣を先延ばしにしている政府に対して、倒幕のときと同じように、まず速やかに筋を通すべきだと述べているのです。前述のように維新のときの情熱を忘れ、汚職や腐敗がまん延している新政府に対し、西郷は憤っていました。ですから、征韓論争においても、維新の基本に立ち返って考えるべきだという思いがあったのではないでしょうか。

戦いは二段に相成《あいな》り居り申し候

いきなり戦うのは愚策

（1873年8月17日 板垣退助宛）46歳

訳

戦いは二段構えで行うことになるでしょう

解説

対朝鮮政策は、「いきなり戦いを始めるのではなく、二段構え」であると述べ、改めて自分を使節として朝鮮に派遣するよう、書簡の相手である強硬派の板垣退助に協力を求めています。つまり、西郷の遣韓が一段目で、二段目に戦争ということ。そのうえで、もし自分が朝鮮で殺されるようであれば、それを口実に出兵すればよいとして、「その先はあなたに譲る」と書いており、西郷はこの数カ月、慎重に対朝鮮交渉を第一に考えていたことは疑いありません。

爆発寸前の国内不穏分子の行方

（1873年8月17日　板垣退助宛）46歳

内乱を冀《こいねが》う心を外に移して、国を興《おこ》すの遠略

訳

内乱を望む気持ちを外に向け、これで国を興していくというのも一つの戦略です

解説

西郷が考える対朝鮮政策のもう一つの側面が見える重要なポイントです。内乱を起こしかねない不平士族を外国に送り込むことが、ひいては国を興すことになると言っています。この頃には、不平士族の国内での爆発が、非常に危険視されていました。いまからすると勝手な考えにも見えますが、議論を進めるための方便か、あるいは反乱が起きるくらいなら国外で不満を解消させたほうがいいという考えも、西郷のなかにあったのかもしれません。

とにかく死に急ぐのだけはやめよう

死を六ケ敷《むつかしく》思うものは、狂死《きょうし》でなくては出来申さず候

（1873年8月23日　板垣退助宛）46歳

訳
死を難しいと思う者は、
一途に思い詰めなければ死ねないことでしょう

解説
「狂死」というのは、気が狂うという意味ではなく、一途に「これしかない」と思い詰めて死に突撃してしまうことです。死を難しく考えていると逡巡《しゅんじゅん》してしまい、逆に一気にカタを付けるしかありません。そうした「死に急ぐ」ことを戒めているのです。もし死を難しく思っていなければ、落ち着いてときを選んで死ぬことができます。もちろん、「死を難しく考えてはいなかった」西郷は、新政府を離れたばかりのこの時期、すでに自身にふさわしい死に場所を探していたように思えてなりません。

第5章

人生50年、「智仁勇」の集大成となる言葉

（1873〜1877）

早わかり西郷の人生⑤

1873	明治6	46歳	11月、鹿児島へ帰郷する。
1874	明治7	47歳	2月、前参議・江藤新平が旧佐賀藩士を率いて反乱を起こすも約1カ月で鎮圧される（佐賀の乱）。 6月、鹿児島の城山に私学校を設立。
1875	明治8	48歳	5月、政府への再出仕の要請を断る。
1876	明治9	49歳	11月、相次ぐ旧藩士による反乱の報を受け、旧薩摩藩士に軽率な行動に出ないよう指示。
1877	明治10	50歳	1月、政府が私学校を偵察するため警官を鹿児島に送り込む。 1月、鹿児島の武器・弾薬を持ち出そうとした政府の動きを察知した私学校生徒が火薬庫を襲撃。 2月、私学校生徒が政府密偵を捕らえ西郷暗殺計画の情報を得る。 2月、薩軍を編成。熊本へ向け出陣。 2月、熊本城を包囲し総攻撃するも失敗。 2月、政府が西郷の官位・正三位陸軍大将を剥奪。 3月、田原坂の戦いで敗れる。 4月、政府軍支隊の攻撃を受け、熊本の薩軍が退却。 5月、木戸孝允死去。 6月、鹿児島の薩軍に政府軍が攻撃。 8月、政府軍が薩軍の拠点である延岡を占領。 8月、長井で薩軍の解散宣言を行う。 8月、可愛岳を越えて政府軍包囲網を突破する。 9月、鹿児島に入り、市街地の大部分を占領。 9月、政府軍が西郷らの立てこもる城山を包囲。 9月24日、政府軍の総攻撃に対し自決。西南戦争が終結。
1878	明治11		5月14日、大久保利通が東京の紀尾井坂で暗殺される。

この章の主な登場人物

桐野利秋（きりの・としあき　1838〜1877）
薩摩藩士・陸軍軍人。はじめ中村半次郎と称す。西郷隆盛の知遇を得て、維新後、陸軍少将となるも西郷とともに下野。以後鹿児島で私学校運営に尽力。西南戦争では実質的な総指揮官として奮戦するが、城山にて戦死した。

村田新八（むらた・しんぱち　1836〜1877）
明治期の政治家。宮内大丞。幕末より西郷隆盛に従って国事に奔走。岩倉遣外使節に随行して欧米を視察。帰国後は官を辞して、西郷に従い鹿児島に帰郷。西南戦争では薩軍大隊長として従軍し、城山にて戦死した。

別府晋介（べっぷ・しんすけ　1847〜1877）
薩摩藩士・陸軍軍人。桐野利秋の従弟。維新後、陸軍少佐となったが、西郷隆盛の下野とともに辞職。西南戦争では薩軍の六番・七番大隊長として熊本城を攻撃。城山にて西郷を介錯した後、戦死。

川路利良（かわじ・としよし　1834〜1879）
日本の警察制度の創設者。大久保利通の腹心として日本の警察制度の確立に尽力し、司法省警保助兼大警視となる。西南戦争では陸軍少将として警察隊を率いて従軍。戦後、欧州視察中に病に倒れ、帰国後間もなく没した。

「武村の吉」の隠居生活と巨大化する私学校

西郷の辞職と帰国は、新政府に大きなショックを与えました。西郷が国元から連れてきた陸軍少将・桐野利秋や篠原国幹《しのはらくにもと》ら士官たちが、「西郷が官職を辞するのなら」と、相次いで官職を放り出して鹿児島に帰ってしまったのです。

またこの時期、右大臣の岩倉具視が東京赤坂の喰違坂《くいちがいざか》で不平士族らに襲われて負傷する事件が起こったほか、西郷とともに下野した江藤新平が「佐賀の乱」を起こすなど、社会不安をあおるような事件が多発しました。

大久保は自ら佐賀の乱の鎮定に乗り出し、捕らえた江藤を斬首したうえ、〝梟首《きょうしゅ》（さらし首）〟にし見せしめとしました。ちょっと残酷すぎるような仕打ちをしたことからも、事の重大さが見て取れます。

一方、1873年11月に故郷である鹿児島の武村《たけむら》の屋敷に帰り着いた西郷は、「武村の吉《きち》」と名乗り、倒幕を果たした後と同じように、狩りや農作業に精を出しては温泉でのんびりするという生活を送りました。

途中、佐賀で反乱を起こした江藤がともに挙兵するよう要請してきましたが、これに対してもきっぱりと拒絶。**維新後の隠居生活とは違い、もはや政治の世界に戻ることなど一切考えず、野山での暮らしを心底楽しんでいました。**

一方で、官職を投げ出して西郷についてきた多くの士族たちや、これからの国を背負って立つ若者のため、**1874年「私学校」を設立**します。

大久保から「後継者」と目されていた洋行帰りの村田新八も鹿児島に戻り、この私学校設立に尽力。桐野利秋、篠原国幹といった西郷を慕う軍人を中心に、戦術研究のほか漢学などの学習を通じ、天下国家に役立つ人材の育成を図ったのです。

やがて私学校は鹿児島全土に広がり、薩摩以外からも生徒が集まったことで生徒数は3万人まで膨れ上がりました。西郷や大久保と同じく「精忠組」として幕末維新の激動期を駆け抜けた県令・大山綱良《おおやまつなよし》の協力もあって、私学校の生徒は行政や警察といった要職にも就くことになります。

西郷と大久保が力を合わせてつくり上げたはずの中央集権国家、明治新政府体制のなかで、西郷のいる鹿児島だけが、いつの間にか一独立国のような様相を呈していたのです。

弟子たちの心を揺さぶった二つの事件

1876年、山口県の「萩の乱」、福岡県の「秋月の乱」など不平士族による反乱が相次いで発生しました。これに対し**西郷は、萩の乱を「多くの領民を苦しめる、天下の不祥事だ」と批判**するなど、軽挙妄動《けいきょもうどう》を戒めます。

ところが、東京の新政府からすれば、「この次は、いよいよ西郷が私学校党を率いて立ち上がるのでないか」という疑念が増すばかりだったのです。

事実、西郷にまったく立ち上がる気がなかったわけではありません。ただし、それはあくまで皇室の危機、あるいは外国とのトラブルが起こった場合のみのこと。大義名分が立たない限り動く気はなく、むしろ私学校党が軽率な行動に出ないように抑えていたのです。

しかし、参議の木戸孝允はどうしても私学校が気になって仕方がありません。「鹿児島県だけを特例扱いするのはおかしい」と大久保にたびたび迫り、県令も薩摩出身の大山ではなく、他藩出身者をあてるべきだと主張しました。

これに対し大久保も重い腰を上げ、県令の大山を呼び出しましたが、それでも一向に改まる気配はありません。そこで大久保は、中央の権限が届かない鹿児島の実態調査を指示。

命令を受けた大警視（警察のトップ）の川路利良は、元薩摩藩士を集めた視察隊を派遣することを決定しました。

ところが、鹿児島に潜入した視察隊の一人が、その動きを怪しんだ私学校党に捕らえられてしまいます。そして、実際の真偽は不明であるものの、**大久保らの発案による西郷暗殺計画が進行中**であるとの供述を引き出したのです。

また、同時期にもう一つ、私学校党を刺激する事件が起こります。鹿児島の反政府の風潮を警戒した政府が、鹿児島県に貯蔵していた火薬を大阪にひそかに持ち出そうとしたのです。

西郷暗殺計画と火薬の持ち出しという、この2件で私学校党の政府に対する怒りは頂点に達します。政府に火薬を持ち出されるわけにはいかないと、私学校の生徒は弾薬庫を襲撃し、火薬を奪取。さらに騒動は拡大し、過激な私学校生徒たちが、鹿児島にある複数の火薬庫を次々と襲います。

ところが当時の西郷は、そんなことも知らずに故郷の野山を駆け回っていました。そこに、政府の弾薬庫から私学校の生徒が火薬を奪ったとの知らせが飛び込んできます。

それを聞いた西郷は、「しまった」と口走ったといいます。火薬庫襲撃は重罪であり、政府が犯人引き渡しを求めてくれば応じざるを得ません。しかし、襲撃した私学校生徒からすれば、火薬庫襲撃は政府の「挑発」に義憤を感じての行動なので、そのまま政府に引き渡すことも忍びないものがありました。

いっそのこと決起しては、という議論になり、桐野が西郷に判断をゆだねます。

「おはんたちがその気なら、おいの体は差し上げもんそ」

こうして、**陸軍大将・西郷隆盛が東京に向かい政府を尋問するという名目のもと、私学校党を中心とした薩軍が編成された**のです。

日本最後の内戦「西南戦争」始まる

桐野が主導した軍議では、東京に迫るにあたって陸路をとるか海路をとるのかで意見が分かれます。結局、陸路を堂々と進軍をすべしということになり、1877年2月15日、雪の降るなか、薩軍は鹿児島城下を出発し、熊本城を目指しました。

薩軍を実質的に率いた桐野は、徴兵で集められた政府軍を甘く見ていました。事実、熊本城など早々に踏みつぶし、勢いを駆って進軍するという桐野のもくろみは、その熊本城で早くも崩れ去ります。

確かに政府軍兵士は一人ひとりの能力は高くないものの、兵力も兵器の性能も、政府軍のほうが圧倒的に上でした。とりたてて戦略というものもなく、ただひたすら力押しに攻め続けるだけの薩軍は、政府軍の前にばたばたと斃《たお》れていきます。

西郷の末弟・小兵衛《こへえ》が戦死したほか、熊本城攻略戦に続く吉次峠《きちじとうげ》の戦いにおいて篠原も戦死。最大の激戦地となった田原坂《たばるざか》では、17日間にもおよぶ激闘がありましたが、物量に勝る官軍の猛攻の前に薩軍は敗走を余儀なくされます。戦力も大幅に縮小した薩軍は、これ以降、南九州を転々としていくのです。

政府軍に従軍していた西郷の弟・従道が「兄ならこんな戦はしない」と言ったように、薩軍にはまったく戦略というものが感じられませんでした。**実際、西郷は戦陣の奥にじっとたたずみ、負けようが撤退しようが何一つ指示しなかった**といいます。

そして開戦から半年後の8月16日、薩軍が宮崎県の長井まで退いたとき、ようやく西郷が直接指令を出しました。

「降伏したい者は降伏を、戦死したい者は戦死を自由に選べ」

西郷は、残っていた約3500人の兵士にこれまでの謝意を述べたうえ、全軍に解散を指示したのです。そして最後まで戦うと決意した者たちは、すでに政府の支配下になっていた鹿児島への帰還を目指すことにしました。

西郷は、政府軍の目をかいくぐりながらおよそ500人の部下とともに九州の山々を踏み越えて、9月1日、鹿児島城下に帰り着きます。

大西郷と大親友に訪れた最期のとき

西郷らは奇襲により私学校のあった城山を奪取し、要塞化しました。しかし、薩軍はもはや軍の体を成さないほど弱体化した一方、対する政府軍は7万の大軍。いかんせん多勢に無勢でした。**政府軍の攻撃は激しさを増し、山の形も政府軍の砲撃によって変形**してしまったといいます。

そして9月23日、城山のふもとにある岩崎谷の洞窟に身を隠していた西郷は、政府軍の司令官・山県有朋《やまがたありとも》から手紙を受け取りました。自決を勧めるとともに、翌日の総攻撃を予告する手紙でした。運命を悟った西郷は、その晩、別れの宴会を開き、残った仲間と明日の奮戦を誓い合いました。

翌日午前4時、総攻撃が始まりました。西郷は側近とともに敵陣へ最後の攻撃を仕掛けます。これに対して政府軍は圧倒的な火力で応戦しました。

やがて、弾幕のなかを敵陣に向かって歩く西郷の腹と股に銃弾が命中します。もはやこれまでと悟った西郷は、からわらに付き添ってきた別府晋介に、こう呼びかけました。

「晋どん、晋どん、もうここらでよか」
もし西郷が被弾した場合は、別府が介錯《かいしゃく》するようにとあらかじめ頼んでおいたのです。そして、桐野や村田らの前で、西郷は別府によって首を斬り落とされ、50年にわたる人生に幕が降ろされました。

直後の戦闘で、桐野、村田、別府も命を落とし、薩軍の組織的な戦闘は終結。ここに、日本における最後の内戦である西南戦争が終わったのです。

それから**約8カ月後の1878年5月、西郷が生涯の盟友と誓い合いながらも征韓論で袂《たもと》を分かち、ついには西南戦争で敵対することになった大久保利通も、東京の紀尾井坂で島田一郎《しまだいちろう》ら6名の不平士族に襲撃され、命を落としました**。

西郷が鹿児島で決起したとの報を聞いた大久保は、部屋のなかをうろうろと歩き回り、ついには涙を流したと伝えられます。敵味方に分かれてもなお、**「二人のことは二人にしかわからない」**と語っていた大久保は、実は自身の最期の瞬間まで西郷とともにいました。**凶刃に斃《たお》れた際に大久保が着ていたコートのポケットには、全長9メートルにもなる西郷から送られた手紙が入っていた**のです。

濃密な人生を生き抜いた西郷隆盛。その最期を迎えるまでの言葉から、何を私たちは学べるのか。じっくり考えながら、熱い想いを味わってみてください。

強欲資本主義にさようなら

脱出す人間虎豹《こひょう》の群《ぐん》

（1873年頃　漢詩）46歳頃

訳

トラやヒョウのごとく常にエサをあさっているような、そんな小さな人物たちの社会から脱出したいものだ

解説

トラやヒョウのような、強欲にエサをあさる群れ、つまり俗世間、あるいは新政府から脱出したいものだ、という西郷の願いが表れている漢詩です。少し表現は違いますが、「人間的な、あまりに人間的な」と書いて、人間の弱さ、小ささを嘆いたニーチェの世界観に通じるものがあります。人間の小ささを知り、それを超えよう、そこから抜けていこうという西郷は、実際にこの漢詩を書いた年に「虎豹の群」から身を引き、鹿児島に戻ることになったわけです。

やっぱり都会より田舎がいい

山老《さんろう》元より帝京に滞《とど》まり難《がた》し

（1873年　漢詩）46歳

訳

田舎の老人が都にずっといるなど、そもそも無理なのだ

解説

ここでの山老とは、もちろん西郷のこと。そもそも田舎のご老体が都会で暮らすなど無理なことで、田舎に帰って身も心もさっぱりした、という内容が続きます。事を成したら帰ってしまうのが西郷特有の面白さで、こんなところにも彼の欲のなさが現れているでしょう。中国の老荘の思想における「無為自然《むいしぜん》」とでもいうのでしょうか。西郷は仙人のような隠遁生活をして、自然のなかであるがままに過ごせられれば、それだけでいいと考えていたのです。

（1874年　漢詩）47歳

友への想い、いまだ冷めず

空《むな》しく幽明《ゆうめい》を隔《へだ》ちて墓前に哭《な》く

訳

あなたは冥土、私は現世と二人の間は隔たり、私はこうしてあなたの墓前で泣いている

解説

幽明というのは、幽界と明界、すなわち冥土の世界と現世ということ。つまり、それを隔てているということは、死別しているという意味です。その相手は、若き日にともに入水した月照。この詩は1874年に書かれたものとされていますが、入水事件から15年以上の歳月を経てもなお、月照の墓前で涙を流すほど、彼に対する想いはまったく変わっていませんでした。志をともにした仲間との深い交わりを、西郷は生涯忘れることはなかったのです。

世のしがらみの洗い流し方

霊境の温泉世縁《せえん》を洗う

（1874年頃　漢詩）47歳頃

訳

神霊の宿るような温泉につかり、世のしがらみまで忘れ去る

解説

西郷は根っからの温泉好きで、温泉を題材にした漢詩を多くつくっています。温泉はまさに彼にとっての「憩いの場所」であり、人生の楽しみであったのです。国事に奔走して世上の評判を得ても、そんなことは気にも留めずに、また温泉にふらっと戻る……。その繰り返しが西郷らしいな、と思います。また人生のバランスとして、オンとオフの区別をはっきり付けるところなどは、特に現代人が見習うべきことではないでしょうか。

「智仁勇」が端的に表れた私学校の教え

理を益《ますます》研究して、道義においては一身を顧みず、必ず踏み行うべきこと

（1874年 私学校綱領）47歳

訳
天の理をしっかりと学び、自分の身を顧みることなく、義の道を必ず歩むべきこと

解説
この一文は、1874年に西郷が設立した私学校の綱領から抜き出したものです。まさに「智仁勇」そのものといっていい言葉だと思います。すなわち「智」は「天の理を学ぶこと」、「仁」は「義の道を必ず歩むこと」、そして「勇」は「自分の身を顧みないこと」。この三徳こそが、人格の形成におけるキーポイントであることを西郷は強く意識し、若い人に是非とも伝えるべく、綱領に盛り込んだのです。

上も下も等しく見るのが本来の日本政治

王を尊び、民を憐れむは学問の本旨

（1874年　私学校綱領）47歳

訳

天皇を尊び、かつ民衆をいつくしむのが学問の本旨である

解説

水戸の勤皇思想に影響を受ける一方、農政に関する書簡（29ページ参照）でもわかるように、民衆のことを気にかけていた西郷らしい一節です。天皇を敬って民衆の気持ちに寄り添うのは日本独自の政治スタイルの基本だと考えていました。その根幹の精神を私学校の綱領にした西郷は、徳治政治によって外国と違う文明の道を歩むべきだとしました。にわかに出世して、民衆をないがしろにする当時の政府、役人への皮肉なのかもしれません。

西郷流ドッグセラピー術

（1874〜1875年頃 漢詩）47〜48歳頃

猟《りょう》隠《いん》営み有り唯《ただ》銃《じゅう》獒《ごう》

訳

猟をするにあたって手間がかかるのは、銃の手入れと犬の世話だけだ

解説

私の専門である「身体論」の観点から言いますと、温泉に入ったり犬とともに猟をするというのは、身体をリラックスさせて気持ちを大きくする効果が認められます。人間界での疲れを癒すには、人間の欲望と無関係な犬はもってこいの存在。なにせ、犬は名を求めることもなければ、お金に興味を示すこともありません。その意味で、人間よりも犬をお供とすることのほうが、西郷のモットーである「天を相手とする」ことに近かったのでしょう。

人間、どんな場所でもきっと生きていける

落着はどの様にも出来安きものに御座候

（1875年4月5日　大山弥助宛）48歳

訳

人間はどのようにも落ち着けるものです

解説

「人間《じんかん》至る処青山《せいざん》あり」という言葉もありますが、「どこにでも死に場所がある」ということは、「どこにでも生きる場所がある」ことの裏返しです。中央政府から離れて鹿児島に帰った西郷は、陸軍大将の官位にありながら、自分の肩書きなどまったく気にすることもなく猟や農作業に明け暮れました。国のために尽くしたいと思い全力を尽くす一方、農民にもなりたいと思い実際にのんびり暮らす自分がいる。このように、どんなところでも落ち着けるのが西郷のよさであり、魅力なのです。

人民激致すべきは理の当然

華々しく悲しいフィナーレへの第一歩

（1877年3月5日　大山綱良宛）50歳

訳

人民が激怒するのも当然のことです

解説

西郷がなぜ西南戦争におよんだのかはさまざまな説がありますが、暴発寸前の桐野利秋ら私学校党の政府に対する不満を捨てておけず、自らその神輿《みこし》に乗ったという説が広く認められています。決起の大義名分は、政府による西郷暗殺計画への抗議でした。暗殺計画をあえて漏らして「激怒」させたうえで、それを口実に西郷らを討つという政府のやり方（政府密偵の「自白」によるもので実際の真偽は不明）を糾弾した言葉です。ここから西郷という〝作品〟のエピローグが始まります。

最後までブレなかった固い信念

一つ条理に斃《たお》れ候

（1877年3月12日　大山綱良宛）50歳

訳

唯一無二の正しい筋を曲げずに、死へと向かおうという決心です

解説

西郷にとって、明治維新を成し遂げた士族が追い込まれていくのを見るというのは、やはり忍びなかったでしょう。一方で、廃藩置県を主導し、地租改正を断行したのも西郷ですから、自身の内にある矛盾とも戦い続けてきたわけです。ただ、西南戦争の是非はともかく、筋道を通すことに殉じたいという思いは、フェアに戦うことをよしとする日本人の気質に非常にマッチしています。そして、その点こそが西郷の最大の魅力なのではないかと思うのです。

此の城を枕にして決戦致すべく候に付き、今一層奮発し後世に恥辱を残さざる様に覚悟肝要にこれあるべく候也

最後の戦い、最後のゲキ

（1877年9月22日　城山陥落前各隊宛）50歳

訳

此の城を枕に決戦せよ。
これまで以上に全力を上げ、後世に恥辱を残さぬ覚悟が大事だ

解説

これが書簡に残る西郷の最後の言葉です。この前段で、ここに来てもなお大義名分のある戦いであることを訴えたうえ、後世の人がどう評価するかを意識して戦おうとゲキを飛ばしています。西南戦争は、西郷にとって多くの人々の思いを丸ごと飲み込んだ果ての行動だったはずで、そういう意味では西郷なりの〝義挙〟でした。そのうえで美しく覚悟を決めて死んでいく。すなわち、これが西郷の心にあった「死の妙所」なのだと思います。

第6章

現代人の心に
深くしみこむ「遺訓」

ありがたい教えが詰まった『南洲翁遺訓』

西郷の哲学や人生訓を集めた『南洲翁遺訓《なんしゅうおういくん》』は、旧庄内藩士が西郷から聞いた話をまとめた訓話集です。では、なぜ遠い東北の人たちが西郷の本をつくろうと思ったのでしょうか。そもそも、奥羽の諸藩は戊辰戦争で最後まで政府軍に反抗した勢力であり、これを攻撃する西郷は、その敵の最たるものだったのにもかかわらず……。

西郷と庄内藩の関係を理解するには、幕末の1867年から見ていく必要があります。同年の「王政復古の大号令」の発令後も、あくまで武力による徳川家打倒をもくろむ西郷は、開戦の大義名分を得るために火を放って江戸市中をかく乱させ、旧幕府側をこれでもかとばかりに挑発しました。

一方、犯人が薩摩藩邸に逃げ込んでいることを知った旧幕府側は、三田の薩摩藩邸を包囲して事件の責任者の引き渡しを要求しましたが薩摩は拒否。これに腹を立てた旧幕府軍が同年暮れ、薩摩藩邸を焼き討ちしたのです。その軍の約半数が庄内藩兵でした。

翌1868年1月、この焼き討ちをきっかけに戊辰戦争がぼっ発。各地における戦闘で旧幕府軍は不利な状況に追い込まれ、庄内藩も薩摩藩邸焼き討ちから9カ月後の9月、奥羽征討軍に降伏しました。

庄内藩主の酒井忠篤《さかいただあつ》は徳川譜代の大名。しかも前年の薩摩藩邸攻撃のこともあって、厳罰は免れないと覚悟していましたが、征討軍の責任者だった黒田清隆は庄内藩を寛大に処置しました。

もちろん、黒田の上司である西郷も同様で、酒井の使者が西郷を訪れて正式に降伏の礼をとったときにも、周囲に「甘すぎるのではないか」と詰問されるほど寛大な態度を示したといいます。

これに感激した酒井は、１８７０年に自ら藩士を率いて鹿児島を訪れ、１００日余りも同地に滞在して、西郷との親交を深めました。こうした縁から、旧庄内藩士のなかには、私学校に留学する者や、西南戦争の折に薩軍に従軍した者もいたのです。

藩主とともに西郷の身辺で過ごした菅実秀《すげさねひで》、三矢藤太郎《みつやとうたろう》、石川静正《いしかわしずまさ》が、庄内に帰ってから西郷の言葉をまとめたものが『南洲翁遺訓』です。これは１８９０年、西郷の名誉回復（１８８９年）にともない出版され、元藩士自らが全国で売り歩いたといいます。

さすがに庄内藩士が感激して本にまとめただけあって、『南洲翁遺訓』にはいまも通じる西郷の名言、教えがたくさん掲載されています。そのなかから、選りすぐりの言葉をここで紹介していきましょう。

政治を扱う者は私心があってはいけない

廟堂《びょうどう》に立ちて大政を為《な》すは天道を行ふものなれば、些《いささか》とも私を挟《はさ》みては済まぬもの也

訳

一国の政治を扱うことは天の道を実践することである。だから、そこには少しの私心もあってはいけない

解説

西郷は、心を公平にもって正しい行いをし、人をしっかりと見抜くことが天意であると考えていました。だから、人を認めるのであれば、自分の職を譲るくらいでないといけないと説いています。自分より優れた人を自分の後任に据えるわけですから、そこに私心はありません。そういった覚悟をもった人こそが一国の政治を担う資格があるというわけです。いまの日本に果たしてこのような政治家はいるのか。いささか心配になってしまうのは私だけではないのでは。

戦死者に対して面目ない

天下に対し戦死者に対して面目無きぞ

訳

天下に対しても戦死者に対しても面目がない

解説

この言葉を語った後、西郷はしきりに涙を流したといいます。西郷が考えるリーダーとは、己を慎んで品行を正しくし、贅沢を戒めて倹約に努め、一生懸命働いて人々のモデルとなる人です。しかし現実には、官位をむさぼって私腹を肥やしている連中ばかりという有様。「こんな堕落した政府をつくるために維新を断行したのではない！」という思いが、西郷に涙を流させたのでしょう。戊辰戦争で命を落とした者たちに対して面目ないと詫びる資格は、この当時、西郷にしかなかったのかもしれません。

下の者の気持ちこそ、きちんとくみ取る

能《よ》く小人《しょうじん》の情を察し、其《その》長所を取り之を小職に用ひ、其材芸を尽さしむる也

訳

小人の気持ちも察してやり、その長所を捉えてそれなりの仕事を与え、持てる力を発揮させることだ

解説

人には持って生まれたスケールというものがあります。だからこそ、その人の「容量」に合わせて適材適所で人材を配置せよということ。西郷は、「開闢《かいびゃく》（日本建国）以来、10人のうち7～8人は小人である」と言い切っており、だからこそ小人の使い方が重要であると考えていました。「小人」という言い方はともかく、小人がいないと世の中は動かないのも事実。現実を冷静に受け止めながら、そこに思いをいたせる情の濃さ＝仁が、西郷の真骨頂でしょう。

古今東西、急がば回れが最良の策

正道を以《もっ》て之を行へば、目前には迂遠《うえん》なる様なれ共《ども》、先きに行けば成功は早きもの也

訳

正しいやり方で事に当たるのは遠回りに思えるが、そのまま進んでいけば、かえって早く成功できるものだ

解説

一言で言えば、「急がば回れ」ということでしょう。そして、その回り道というのは「正直」であるということ。海外にも「Honesty is the best policy.（正直こそ最良の策）」という言葉があるように、西郷の言葉には、洋の東西を問わない普遍性をもって我々の心に響いてくるものがあります。インターネットの発達により、まさにさまざまな〝ショートカット〟が用意されている現代においてこそ、正道を歩むことがより求められていると思えてくる言葉です。

〝ジャパンファースト〟が国づくりの基本

先《ま》づ我国の本体を居《す》え風教《ふうきょう》を張り、然して後徐《しず》かに彼の長所を斟酌《しんしゃく》するものぞ

訳

まず国の基礎を固めて、徳をもって人々を導き、そのうえで段階を踏んで、外国の長所を取り入れるようにしなければならない

解説

物事には順番があって、まず国の形というものを固めたうえで、続いて海外のいいものを取り入れていく。そうでないと、国の本質が乱れるという教えです。当時、公用語をフランス語にしようと考えた人がいましたが、まさに本末転倒。もしそれが実現していたら、おそらく本当の意味での日本国および日本人というものは、この世から消滅していたでしょう。その意味で、自身の軸をしっかりもつことの大切さを説く西郷に、私はとても共感を覚えます。

西洋文明というダブルスタンダード

文明とは道の普《あまね》く行はるるを賛称せる言

訳

「文明」とは、道義が広く根付いていることを褒める言葉である

解説

西郷にとっての「文明」とは、道義が社会の隅々にまで広く行きわたっていることに対する褒め言葉でした。ところが西洋は、未開の国には教え諭して開明に導くべきところを、その地を植民地にしたり、住民を奴隷にしたりと、大変むごい仕打ちをしている。だから西洋は文明どころか野蛮である、と考えていたのです。勝海舟も日中韓の連携を訴えましたが、西郷が「征韓論」にこだわった背景も、こうした「野蛮な」西洋に対抗できる、本当の意味での文明秩序の確立を目指したからかもしれません。

いまも昔も税金は低いに越したことはない

租税を薄くして民を裕《ゆたか》にするは、即《すなわ》ち国力を養成する也

訳

税を軽くして民衆を豊かにすることが、つまりは国を富ませることになるのだ

解説

西郷は、薩摩の国元で重税に苦しむ農民の姿を見てきました。藩の農政にかかわっていたこともあり、税を軽くして民を大事にすることが、ひいては国を富ませることになることを早くから知っていたのです。さらに、この言葉の後に、「財政が苦しくなると小役人は、すぐに安易な増税で一時の欠乏を埋めようとするが、結局そうすると民は苦しみ、官民が相憎しみ、最後は国が崩壊する」と述べています。まさに現在の行政も耳を傾けるべき警告といえるのではないでしょうか。

収入と支出はバランスよく

入《い》るを量《はか》りて出《いず》るを制するの外《ほか》更《さら》に他の術数無し

訳

収入をきちんと把握し支出を制限することが、経済についてはもっとも肝心なことだ

解説

いま日本は、国の借金が膨れ上がっています。日本には借金がない時代もあったのですが、「便利だから」といって国債発行という禁じ手に手を出してしまい、結局、止まらなくなった結果が現状です。西郷が言うように、税収を把握し、身の丈に合った予算を組むということをやっていれば、ここまで借金は膨らまなかったはずです。いまの日本を西郷が見たら、「基本すらできていない」と怒り悲しむのではないでしょうか。

国というものは戦う覚悟がなければならない

戦の一字を恐れ、政府の本務を墜《おと》しなば、商法支配所と申すものにて更に政府には非《あら》ざる也

訳

戦うことを恐れて政府が本務を投げ出してしまえば、これは単なる商法支配所であって、決して政府とは呼べない

解説

国が侮辱された際には、戦う覚悟がなければ政府とはいえないと述べています。皮肉なようですが、戦争を避けるためには、戦う覚悟をもって気持ちを張っていないと対抗できないのが現実です。日本国憲法の前文に「平和を愛する諸国民の公正と信義に信頼して……」とありますが、平和を愛していると信じられる隣国は、一体どれくらいあるのでしょうか。昨今、西郷の危機意識が現代の日本人の心に訴えかけるものは、少なくないはずです。

素直さこそが一番の強み

自分を足れりとせざるより、下下《しもじも》の言も聴き入るるもの也

訳

自分の考えで十分とするのではなく、きちんと下の者の意見も聞くべきなのだ

解説

「自分さえ納得していればＯＫ」と考えていると向上心がなくなるばかりか、否定的なことを言われたときに怒り出してしまう。そうなると、やがて誰もアドバイスしてくれなくなってしまいます。だから、「自分の至らなさを知り、素直になるのが重要だ」ということ。かの松下幸之助も「素直の初段になれ」と述べています。西郷や松下の言葉から、年齢を重ねても人の意見に耳を傾ける度量がある人こそが、真の「成熟した大人」だということがわかります。

人材こそが組織にとって一番の宝

人有りて後《の》ち方法の行はるるもの

訳

制度やシステムよりまず人材がいなければならない

解説

鹿児島城下の加治屋町は、西郷、大久保をはじめ大山巌や東郷平八郎など、近代日本に燦然《さんぜん》と輝く人物を次々と輩出しました。このように、多くの優秀な同僚、後輩たちに囲まれていた西郷は、人があってこそ物事は動くということを肌感覚で知っていたのです。制度やシステムよりも、まずは人物が先にあってのもの。だから、人が一番の宝であると西郷は言うのです。人の上に立って仕事をする多くの人に、是非覚えてほしい精神だと思います。

西郷どんといえば〝これ〟

敬天愛人

訳　天を敬い、人を平等に愛すべし

解説

西郷が最終目標として定めた言葉で、西郷の代名詞といっていいほど広く知られています。天意をつかさどる天を敬うこと。また、人を分け隔てなく愛する天のように、一切の私利私欲を捨て、他者への慈愛を与えること。これを、西郷は自己修練のゴールとし、明治政府から下野した後、西郷はこの言葉を好んで揮毫《きごう》しました。後に、鹿児島出身の稲盛和夫さんがつくった「京セラ」が社是としたように、西郷の大好きな言葉は、日本中で広く愛されるようになっているのです。

自分にだけはとことん厳しく

総じて人は、己れに克《か》つを以て成り、自ら愛するを以て敗るるぞ

訳

人間とは、己に打ち克つことで人間的に成功し、自らを大事にしすぎてしまうことで失敗してしまうものだ

解説

「敬天愛人」の後に出てくる文言です。やはり自らを戒めることの大切さを説いていますが、「自らを愛するを以て敗るるぞ」という言い回しが、己を戒めることを旨とした西郷の特徴をよく表しています。明治維新は世界的事業でしたが、新たな特権階級となって私腹を肥やす連中がはびこるようになります。西郷は、こうした「己に打ち克つことができない人たち」が許せませんでした。そのため、西郷は明治新政府と袂《たもと》を分かつことになったのです。

ミスはまず気付いて受け入れるのが大事

過ちを改むるに、自ら過つたとさへ思ひ付かば、夫《そ》れにて善し

訳

過ちを改めようとするのであれば、まず自ら間違いを犯したことに気付けば、それでよいのである

解説

この言葉は、論語にある「過ちて改めざる、是《これ》を過ちという」を踏まえたものだと思われます。どうにもならないと知りつつ、失敗したことを後悔し続けるということがあると思いますが、それを取り繕《つくろ》ったとしても、割れた茶碗をくっつけるようなもの。「後悔」するのではなく、建設的な「反省」をするべきだということでしょう。そのために、まず過ちを認めることが大事。それが次の一歩を踏み出すエンジンになるのです。

正しい行いをすることを徹底して楽しむ

若《も》し艱難《かんなん》に逢ふて之《こ》れを凌《しの》がんとならば、弥弥《いよいよ》道を行ひ道を楽む可《べ》し

訳

もし困難にあっても、それを乗り越えるためにさらに正しい道を歩み、そのこと自体を楽しめばよい

解説

「道を行い、楽しむ」というのは、天の意に恥じないということだと思います。たとえ「小人」で小さな仕事しかできなくても、正しいことをやり遂げれば、これは道を楽しんでいることになります。不平不満ばかり募らせるのではなく、正々堂々と、天に恥じない生き方をして道を楽しめ、と説いているのです。そうした行動が、自分の人格を磨き、いよいよ人生が味わい深く、「楽しい」ものになっていくというイメージでしょう。

一番〝厄介〟な人の特徴

命もいらず、名もいらず、官位も金もいらぬ人は、仕末に困るもの也

訳

命もいらない、名声もいらない、肩書きにも収入にもこだわらない人は、非常に扱いづらいものだ

解説

これも西郷の言葉として非常に有名なもの。官位や金といった利で動かない人間は、相手から見ると計算ができないので、非常に厄介です。欲を捨て、ただ己の目的に向かって邁進する姿勢こそが、大きなことを成すために必要ということでしょう。西郷のように世俗の欲から抜け切った人なら、確かに何もいらないはず。だからこそ、西郷は本当にやりたい仕事、やるべき仕事のみに従事できたのではないでしょうか。

敵の立場になって考え準備せよ

我が備《そな》への整不整を、唯味方の目を以て見ず、敵の心に成りて一つ衝《つい》て見よ

訳

自分のやり方が正しいかどうかということについて、味方の目ではなくて敵の気持ちになって考えてみよ

解説

自分の目で自分を評価する場合、そもそも自分がよかれと思って行動しているので、どうしても弱点が見えにくいものです。だからこそ、相手の立場になって考えてみるのが大事。すると、「自分が敵なら、絶対にここを攻める」というポイントが見えてきます。たとえば、企画書をとっても、自分の目線ではなく、会議に出席する上司や経営者の気持ちになって組み立ててみる。そうすることで、普段の思考では気付かない企画のウリ、あるいは穴が、パッと見えてくるのではないでしょうか。

西郷流読書術のポイントとは

聖賢の書を空《むなし》く読むのみならば、譬《たと》へば人の剣術を傍観するも同じにて、少しも自分に得心《とくしん》出来ず

訳

聖人賢人の書物をただ漫然と読むだけなら、たとえば他人の剣術を傍観しているのと同じようなもので、少しも自分の役には立たない

解説

どんな素晴らしい人が書いた本でも、読むだけで実践しないのであれば、「他人の剣のワザをただ傍観しているのと同じだ」というユニークな表現で、その無意味さを説いています。「本の内容は理解した。でも実践はしない」となると、何のための読書かわかりません。書を読むことはすなわち実践のためであり、読書によって得た知のエキスを実際の行動に生かしてはじめて、時間をかけて読んだ本を有効活用したということになるのです。

機を逃さぬために必要な頭の体操

真の機会は、理を尽して行ひ、勢《せい》を審《つまび》かにして動くと云ふに在り

訳 理を尽くし、時勢をきちんと見抜いたうえで行動してはじめて、本当のチャンスが生まれるものだ

解説 いざ機会と見たら逃さない。つまり、機をつかむために、筋道のうえに立った準備の大切さを説いています。だから、「機会がない」「あの人ばかりラッキーだ」とは考えず、チャンスが訪れるまで理を尽くし、常日頃から準備を整えて行動することで、いざというときに力を存分に発揮できるということです。幕末維新での働きにより、ものの弾みで行う事業は永続しない、ということを知り抜いていた西郷ならではの言葉だと思います。

後悔したくなければ考え抜くこと

凡《およ》そ思慮は平生黙坐静思《へいぜいもくざせいし》の際に於《おい》てすべし

訳

深く考えるときは、黙って座り静かに思考しなさい

解説

「考える」だけでは足りず、「深く考える」というところがポイントです。西郷は熟慮断行の人だったからこそ、行動の結果に対して後悔というものがありませんでした。だから、事におよぶ際、黙って座って静かに熟考することが大事だと説いたのです。これはデカルトの「事を列挙して、優先順位を考え、その思考のルールのうえで考え抜いたことならば、後悔は起こらないから断行しなさい」という教えと深く通じ合うものがあります。きわめて哲学的な西郷の言葉といえるでしょう。

疑い深さは百害あって一利なし

猶予狐疑《こぎ》は第一毒病にて、害をなす事甚《はなは》だ多し

訳

ぐずぐずしたり、疑い深くなるのが一番いけないことで、その結果、往々にして被害をこうむることになる

解説

これは「なぜ果断ができないのでしょうか」という質問に対して、西郷が返した答え。自分の小さな利害にとらわれているから迷いが生じる。もっと大きいところから「自分自身」の枠を取っ払ってみると、判断がつきやすくなるし、その判断通りに行動すれば間違いがない、ということでしょう。西郷はこれに続いて、「筋道を通せば迷いがなくなる」とも述べています。要は「熟慮断行」も「即断即決」も、筋さえ通っていればいいということ。西郷の人生が、いみじくもそれを証明しています。

大人物に習う心の開放のコツ

孟子《もうし》云《い》はずや、浩然之気《こうぜんのき》を養ふと

訳

孟子が言っているではないか、ゆったりとした、公明正大な心を養おうと

解説

「浩然の気」というのは、水が豊かに流れていて、心がゆったりとしているという状態です。そもそも古代中国の思想家孟子《もうし》は、それを「人の内側から湧く道徳的なエネルギー」としました。つまり、公明正大で、どこにも恥じることがない、伸び伸びとした解放された心が「浩然の気」というわけです。これは自然に身に付くものではありません。やはり気は修養して得るもの。現代人に欠けている「気の修養」を行い、ゆったりとした心持ちの大人物になりたいものです。

偶然のチャンス待ちでは、事は成し遂げ得ない

事の上にて、機会といふべきもの二つあり。僥倖《ぎょうこう》の機会あり。又設け起す機会あり

訳

物事においてチャンスというのは二つあり、一つはまぐれの機会、もう一つは自らで切り開く機会である

解説

チャンスには、偶然と必然の2種類があると言っています。ただし、ひとかどの人間は皆、〝タナボタ〟は期待しないとのこと。特に大仕事にあたっては、できる人は自らチャンスを手繰り寄せると述べています。さらに、「英雄が成し遂げたことを振り返ると、一見偶然の機会を捉えたように思えて、実はそうではないことに注意が必要」とのこと。とにかく、まずは自ら動いて何かを引き起こす……。こういった姿勢が重要だと西郷は説いているわけです。

胆力が身に付く三つの条件

先《ま》づ英雄の為《な》す処《ところ》の跡《あと》を観察し、且《か》つ事業を翫味《がんみ》し、必ず身を以て其事《そのこと》に処し、安心の地を得べし

訳 まず英雄といわれた人の成し遂げたことを分析し、そのプロセスを吟味し、必ず自分自身で実践すれば、心安らかな境地に行きつく

解説 どんな時代の誰にでも求められる、何事にも動じない胆力。これを養うには、まず英雄たちの事績をたどり、その行いをしっかり分析する。そして、それを踏まえて、必ず自分自身で実践してみると、動じない心＝胆力が身に付くと、西郷は教えています。考えてみると、そのように語っている西郷こそ、実は現代の日本人にとって最良のロールモデルでしょう。本書で取り上げた西郷の事績や言葉を、是非何度もたどってみてください。

第7章

有名人の通信簿
〜西郷どん、
一言でいうとこんな人〜

勝海舟（旧幕府軍艦奉行・伯爵）

おれは、今までに天下で恐ろしいものを二人みた。それは横井小楠《よこいしょうなん》と西郷南洲だ

解説

勝海舟は回顧録『氷川清話』のなかで、西郷について多くの言葉を残しています。「西郷におよぶことのできないのは、その大胆識と大誠意にあるのだ」「その胆の大きいことは、このとおり実に絶倫で、議論も何もあったものではなかったよ」など、ほとんどがその度量の大きさを大絶賛しています。西南戦争が起こったのも西郷に子分がいるせいだと断じ、何を根拠か「西郷は指揮をしていない」と岩倉具視に話したように、筋金入りの西郷びいきでした。西郷の死後も「今の世に西郷が生きていたら、話し相手もあるに……」と嘆いたという勝は、「城山」という曲の詩を書くなど、さまざまな形で西郷の偉大さを後世に伝えようと努めたのです。

坂本龍馬（元土佐藩士・海援隊隊長）

なるほど西郷というやつは、わからぬやつだ。少しくたたけば少しく響き、大きくたたけば大きく響く。もしばかなら大きなばかで、利口なら大きな利口だろう

解説

龍馬の師である勝海舟の『氷川清話』にある一節。「先生はしばしば西郷の人物を賞せられるから、拙者も行って会ってくるので添え書きをくれ」と勝に紹介状をねだり、実際に西郷に会った印象を語っています。書いたのは勝なので、実際に龍馬がこう言ったかは定かではありませんが、いかにも龍馬が言いそうな言葉であることは確かです。利口であってもバカであっても、西郷のスケールの大きさを感じたことだけは確かだったことが伝わってきます。

大久保利通（参議・内務卿）

西郷の心事は天下の人にはわかるまい、わかるのはおれだけだ。おれが西郷の事を書き残しておかなければ、後世になって西郷は誤って伝えられるだろう

解説

大久保が息子で元老の牧野《まきの》伸顕《のぶあき》に語ったところによると、西南戦争の後、しかるべきときに自分が西郷の伝記を書き残したいと考えていたようです。征韓論、そして西南戦争で激突するわけですが、それでもなお大久保は西郷のことを思い、西郷も「大久保がいるから政府は安心だ」と言ったとされるように、二人の間には最後まで信頼関係がありました。結局、西郷が亡くなってから1年もたたずに大久保は暗殺されてしまうので、彼の手による西郷伝は世に出なかったわけですが、現在の西郷像は大久保からはどう見えるのでしょうか。

アーネスト・サトウ（イギリス人外交官）

はなはだ感じが鈍そうで、一向に話をしようとはせず、私もいささか持てあました。しかし、黒ダイヤのように光る大きな目玉をしているが、しゃべるときの微笑には何とも言い知れぬ親しみがあった

解説

イギリス人外交官アーネスト・サトウは、西郷に会った印象をこのように書いていますが、この数カ月前、西郷とはじめて顔を合わせたときも「小さいが炯々《けいけい》とした黒い目玉の、たくましい大男が寝台の上に横になっていた」と書いていることから、よほど西郷の眼が印象的だったのでしょう。なお、西郷の黒眼については息子の西郷菊次郎《きくじろう》も言及しています（164ページ）ので、有名な肖像画よりも深く人の心に残る眼をしていたのかもしれません。

伊藤博文（初代内閣総理大臣）

西郷南洲は天稟大度《てんぴんだいど》にして卓出して居《お》って、さうして国を憂ふる心も深かった。徳望も中々あったが、政治上の識見如何《しきけんいか》と云《い》ふとチト乏《とぼ》しい様だ

解説

征韓論で意見を異にした伊藤博文の西郷評は、やはりそれなりに厳しいものです。天性の才能があって国を憂える心も深く、人徳もあったが、政治に関してはズレている、とのこと。また、「自分の部下を引連れて北海道に行かうと云ふことを企てたことがあつたが、夫《そ》れが変じて私学校と為《な》り謀反と為つた。兎《と》に角《かく》大人物であったが寧《むし》ろ創業的の豪傑で守成的の人とは云えない」と述べ、大人物であることは認めながらも、一言で言えば「乱世の人」であり、国の政治を安定的に行う人ではないという評価だったようです。

板垣退助（政治家・伯爵）

木戸や大久保とはまるで算盤《そろばん》のケタが違う

解説

西郷隆盛の思想を、右翼・民族派の始祖といわれる頭山満《とうやまみつる》が解説した本のなかで、板垣退助が西郷隆盛を評した話を紹介しています。木戸孝允、大久保利通は西郷とともに「維新の三傑」と呼ばれていますが、板垣からすれば、西郷と木戸、大久保の間には「零《ゼロ》がいくつあるか分からぬ」ほどに、人物の大きさがケタ違いだと考えていたようです。征韓論争において板垣や西郷と対立した木戸と大久保に対する評価が多少低くなっていることを差し引いても、やはり西郷隆盛は、当時から「大西郷」だったのだと思わされます。

大隈重信（内閣総理大臣・教育者）

政治家でも軍人でもなし、一個の自然人で、ただどこまでも忠義一途なんで、国家の為となると、将軍も島津公も眼中にない。少しも私心無き卓越したる英傑であった

解説

大隈重信は西郷との仲がよくなかったとされ、「政治上の能力は果たして充分なりしや否やという点については、頗《すこぶ》るこれを疑うのである」というように、冷淡に突き放す評が多いようです。ただ、西郷の清廉な生き方や影響力の強さについては評価していたようで、融通は利かないけれども人間的には優れていたと見ていたことがわかります。西郷といま一つしっくりいかなかった大隈の言葉だけに、かえってとても説得力があります。

木戸孝允（参議）

忠実寡欲《かよく》臨事有果断、ただ短なるものは当時の形勢に暗く大体を見る能《あた》わず

解説

1877年の西南戦争に触れ、病床にあった木戸は日記に「忠実、寡欲、果断な男ではあるが、欠点は大局を見ることができないことだ」と書き、西郷が国家に尽くしたことは認めながらも、心配していたことが起こってしまったと嘆きました。かねてより西郷と鹿児島県の姿勢を批判していた木戸。すぐさま薩軍征討の任にあたりたいと希望したものの、病状は悪化の一途をたどり、結局、西南戦争の終結を見ずしてこの世を去りました。意識が朦朧《もうろう》とするなか、最期の瞬間まで国の行く末を案じた木戸は、息を引き取る前に「西郷、もう大抵にせんか」と叫んだといわれています。

西郷菊次郎（京都市長・教育者）

父の両眼は黒目がちでそれはそれは怖いものであった。上野公園の銅像の眼もむろん十分ではありません。

解説

西郷菊次郎は、西郷隆盛が奄美大島での妻との間にもうけた子供で、後に外務省に入って台湾に赴任し、京都市長にもなりました。西郷の眼の怖さは異母弟の寅太郎《とらたろう》も、「おそろしい眼がギロリと光った」と回顧しています。西郷の写真は1枚も見付かっていませんが、その理由は「このように微功さえない肖像を、後世に残す必要はない」という謙遜があったからだとか。ちなみに、1898年に完成した上野の西郷像を見た西郷の妻糸子は「こんな人じゃない！」と叫んだそうです。いずれにせよ、息子たちが恐れた「眼」が残っていないのはちょっと残念ですが、それもまた西郷らしいところでしょう。

福沢諭吉（啓蒙思想家・教育者）

西郷は天下の人物なり。日本狭しといえども、国法厳《げん》なりといえども、豈《あに》一人を容《い》るるに余地なからんや

解説

西南戦争の直後に脱稿し、それから24年後の1901年に時事新報紙上に掲載された「丁丑《ていちゅう》公論《こうろん》」で、福沢は明治新政府に反抗した西郷を称えています。「西郷は偉大な人物なのに、日本がいかに狭く、法がいかに激しいといえども、どうして彼一人すら受け入れる余地がなかったのか」と疑問を提示。さらに、西郷は二度の政府転覆を図り、うち一度目は幕府を転覆させて「英雄」になったが、失敗したほうをもって「逆賊」とするには理屈が通らないとしています。西郷と福沢は直接顔を合わせてはいませんが、福沢は西郷を評価し、一方、西郷は福沢の本を愛読したように、お互いのことを認め合っていたのです。

山県有朋（陸軍大将・内閣総理大臣）

誠に一種の大人物であった

解説

「国軍の父」と呼ばれ、明治・大正期の政界で権勢を振るった山県有朋。「元老中の元老」と言われた彼にも、明治初期に官職を辞することになる、ある不祥事がありました。その際、山県をかばい続けたのも、さらに、山県が推進する徴兵制に反対していた薩摩軍人を抑えてくれたのも西郷でした。しかし、後に西南戦争が起こると、山県は皮肉にも西郷とともにつくり上げた政府軍の総司令官として、薩軍を次々と撃破します。もっとも、本当は恩義のある西郷を助けたいと考えていた山県は戦いの最中、「この戦いはあなたの本心ではないのでは？」という趣旨の書簡を二度も送りました。これを読んだ西郷はいたく感動し、その手紙をふところに入れて死地におもむいたといわれています。

内村鑑三（キリスト教思想家）

余輩《よはい》は彼ほど人生の欲望の少なき人を知らない

解説

内村鑑三《うちむらかんぞう》による英語の著作『代表的日本人』は、日蓮《にちれん》、中江藤樹《なかえとうじゅ》、上杉鷹山《うえすぎようざん》、二宮尊徳《にのみやそんとく》、そして西郷隆盛を「代表的日本人」として、その人生を紹介しています。このなかで、内村は西郷の「児孫のために美田を買わず」の漢詩を紹介し、「近代経済学」の観点では不合理かもしれないが、この清貧を愛するのが西郷だという趣旨のことを述べています。キリスト教者である内村が共感したのは、人を相手とするのではなく「天」を相手とした西郷の生き方なのでしょう。西郷を象徴する言葉である「敬天愛人」にも触れ、そこにキリスト教的意味合いを見出しているようにも読めます。

徳富蘇峰（思想家）

日本国民に生ける英雄として千古に存する

解説

明治、大正、昭和の3時代にわたって強い影響力をもった思想家・徳富蘇峰《とくとみそほう》は、西郷をこのうえなく評価していました。「もし富士山が天然の作りたる日本の名物であれば、西郷さんは人間の作りたる日本の名物であろう。富士山の崇高《すうこう》は我々としてただ敬仰《けいぎょう》せしむる。西郷さんの英雄的精神は我らをしてただ陶酔《とうすい》せしむる。西郷こそ本統の日本男児、本統の日本的英雄、正真正銘全く伝統的日本の大精神を代表するところの英雄」と、富士山と並ぶ日本の名物だとまで絶賛。さらに、国民が西郷を慕う心をもっている間はこの国は大丈夫だが、それがなくなると恐らく国が滅びるとまで述べるほど、西郷のことを崇敬していたのです。

司馬遼太郎（作家）

西郷という、この日本的美質を結晶させたという点ではほとんど奇跡的な人格を持つ男は、青春の頃から常によりよき死場所を求めて歩き続けてきた

解説

西郷と大久保が主人公の『翔ぶが如く』にある一節です。ほかにも『竜馬がゆく』『坂の上の雲』などで知られる国民作家・司馬遼太郎は、『翔ぶが如く』のなかで西郷の性質として「超人的な感情量」をもつ男として描き、この感情量の豊さゆえに西南戦争を戦うことになる、と解釈しています。『翔ぶが如く』は、膨大な資料を収集してから作品にとりかかった司馬遼太郎らしく、その情景描写、心理描写には、読む者を圧倒させるほどのリアルさがあり、西郷とはどんな人だったのかを考えるヒントの一つといえるでしょう。

第8章

齋藤流、
西郷どんの読み解き方

西郷隆盛を支えたビジョンの力

ここまで読まれてきて、皆さんは、西郷隆盛という人に、どんなイメージをもたれたでしょうか。

薩長同盟、鳥羽・伏見の戦い、征韓論、西南戦争……。

彼の人生において、エポックとなる事件はたくさんありますが、そこで彼が行ったことを表面的に捉えるだけでは意味がないような気がします。**人物を見るときには、その人がどんなビジョンをもっていたのか、そのときどきに何を思ったのか、そして何を成したのか、という骨格を大つかみすることが大事**なのです。

まず、人の行動の原点となるのは「ビジョン」の力です。誰にでも、「こういう世界をつくっていこう」「こんな仕事をしていこう」と思った瞬間に、前がさっと開けてくることがあると思います。

たとえば、アップルの創業者スティーブ・ジョブズには、コンピュータを使って世界を変えたいという大きなビジョンがあったでしょうし、大リーグのイチロー選手にしても、日本人野手の力を世界に見せてやりたい、という気概があったはずです。

このように、大きな事業を成し遂げる人は、必ずなんらかのビジョンをもっています。「志」と言い換えてもいいですが、その**ビジョンの力に引っ張られて人が周囲に集まり、やがて潮流になって物事が動いていく**のです。

明治維新の立役者となった西郷も、もちろん大きなビジョンをもっていました。それは一言で言うと、「欧米諸国に負けない近代国家をつくる」というもの。

幕府に代わる新しい政府を立ち上げ、新政府のもとで一気に文明を発展させ、その勢いをもって欧米と比肩する国家をつくり上げる……。**西郷は幕末期のかなり早い段階で、幕府や藩などといった枠組みを飛び越え、もっと大きな目で「日本国」というものを捉えていた**のです。

では、どうしていち早く、古い枠組み（アンシャンレジーム）から脱することができたのか。その理由は、西郷の「開明性」にあります。

後世に伝えられている風貌や、上野にある着物姿の銅像、また征韓論、西南戦争のイメージから、ともすれば「古いタイプの典型」「新政府の抵抗勢力」のように思われがちですが、遺された言葉や行いを見ると、**西郷隆盛という人は、実は非常に急進的な「開明論**

者」だったことがわかります。後で詳しく触れますが、維新政府において西郷が行った政策は、それまでの幕藩体制下では考えられないような進歩的なものだったのです。
もちろん、西郷が生まれながらにしてそうしたビジョンをもっていたわけではありません。その周りには、彼を開眼させた優れた指導者がいたのです。

師から学んだ一生をかけるミッション

その人物とは、西郷の主君である薩摩藩主・島津斉彬《なりあきら》です。「三百諸侯中随一」と高く評価され、「江戸時代を通じてもナンバーワンだった」という人もいるほどの名君です。

幼少期から蘭学に強い関心があった斉彬は、黒船が来航する以前から洋式造船を導入し、反射炉や溶鉱炉の建設も推進するなど、藩の近代化を進める政策を次々と実施しました。

また斉彬は、広く人材を取り入れるべく有望な若手を積極的に採用しました。そして、藩政に関する意見書に注目し、それを書き記した西郷を庭方役《にわかたやく》に抜てきしたのです。

庭方役とは、表向きは殿様の庭の手入れをする役目ですが、実際は社長室の秘書のようなもので、極秘に諸国の志士たちと連絡をとるなど、斉彬の目となり耳となるような重要

な任務も帯びていました。

ペリーの黒船が来航し、国中が上を下への大騒ぎになっているこの時代、西郷は尊王攘夷派の水戸藩士・藤田東湖や、福井藩の橋本左内らとの交流を通じて、国内外の情勢やその思想に触れることになります。

また、斉彬自身も西郷を精力的に教育していきました。西郷は、現代にたとえるなら、社長直属の部下として働き、社長から直接、ものの見方を教わったわけです。当時の日本で、もっとも先が見えていたといっていい斉彬の薫陶を受けたことが、その後の西郷の人生を大きく変えていきました。

斉彬が西郷をそこまで取り立てたのは、その胆力を含め、他人にはない資質を見抜いたからでしょう。**斉彬は「この頑固な人間を使いこなせるのは自分以外いないだろう」と言ったとされていますが、そんな西郷を使いこなせた要因は、斉彬もまた、それだけ大きな人物だったから**ではないでしょうか。

実際、斉彬の言うことは、当時の常識ではありえないほど壮大なものでした。幕藩体制においては、もちろん幕府が主であって、あくまで藩は従ですが、斉彬はそもそもそういう考えの持ち主ではなかったのです。

具体的には、薩摩をはじめとする諸藩が協力して政治を行うことが、「日本国」という広い意味での国益にかなうと考えていました。最早、幕府と藩の上下関係に縛られている場合ではなく、日本国一丸となって事にあたらなければ、この国は欧米列強の圧力に屈してしまうという現実を、冷静に捉えていたからです。

西郷はこうした斉彬の考えに共感し、師の「ビジョン」を共有することになります。**『学習する組織』（ピーター・センゲ著）という組織論の名著で論じられているのが、大きなビジョンを共有するのがチームの条件**だということ。それに準じれば、西郷は斉彬をリーダーとする薩摩藩というチームにおいて、斉彬のビジョンを実現しようとする重要な役割を果たしたのです。

これは憶測にすぎませんが、どうやら西郷は、斉彬が描いたビジョンを実行することが、〝チーム薩摩藩〟だけの役割にとどまらず、自分の一生におけるミッションと考えていた節があります。

もちろん斉彬は倒幕までは考えていなかったようなので、その後の明治維新という西郷の行動と斉彬の思想は、一見、直接関係ないように思えます。しかし、「外圧に屈しない強き日本国をつくる」という大きな枠組みにおいては、西郷は斉彬の遺志を継ぎ、そのために粉骨砕身、働き続けたともいえるのです。

もし斉彬と出会わなければ、西郷は薩摩の下級武士という身分から出ることもなく、時代の波に飲み込まれて、細々と一生を終えていたかもしれません。人との出会いがときに歴史すら変えるということがしばしばありますが、**西郷と斉彬の出会いは、まさに日本の歴史を大転換させるような出来事**であったのです。

南の島で磨いた「知力」

文明開化の必要性を、日本でもっとも早い時期に斉彬から聞かされていた西郷。少なくとも「知力」の面においては、他藩の志士と同等か、あるいはそれ以上のものを持っていたことでしょう。斉彬に言わせれば「頑固」ではあるものの、西郷は理解したことに対しては非常に素直に受け入れる性格でした。

なお、この**「受け入れる力」ということもまた知力**です。**智仁勇の「智」というのは、いわば「理解して判断する力」というべきもの。物事をきちんと理解して判断できることを、本当の意味で「知力がある」という**のです。

こうした西郷の知力は、斉彬との出会いによって花開き、その後、南の島（奄美大島、沖永良部島）で磨かれていきます。

本書でも触れてきましたが、西郷がどうして南の島に行くことになったのかというと、斉彬の死後に薩摩の実質的な支配者となった島津久光（斉彬の弟で、新藩主・忠義の実父）との折り合いが悪かったからです。斉彬のことは神のようにあがめた西郷ですが、久光はといえば斉彬とは比べ物にならない俗物に見えたようで、家臣としてうまくやっていくことができませんでした。やがて、国事に奔走するなかで久光の逆鱗に触れた西郷は、遠島を命じられることになったわけです。

西郷は南の島、特に沖永良部島において、昼夜を問わず読書や座禅に励みました。沖永良部島などの南洋の島々では、指導者たちが権力や財力よりも教養を競うという面があったらしく、そうした側面も西郷の知力を磨くのに一役買ったようです。こうして「大西郷」の礎が、沖永良部島で築かれていきました。

西郷の人生において、この沖永良部島での人生修行は非常に大事な要素です。激動の時代ですから、さまざまな人が厳しい経験をくぐり抜けてきましたが、流罪になって何年も自分自身を鍛えることになった経験は、とても貴重なものだからです。

遠島によって一度は「もう自分の人生は終わった」とまで絶望しながら、そこから這い上がって維新の大事業を成し遂げた西郷。この事実は、私たちにも大変勇気を与えてくれるのではないでしょうか。

たとえば、20代では仕事に就けなかったけれども、ツラい時期を乗り越えたからこそ、その後の人生で花開くこともあると思うのです。事実、私自身、東大法学部を出たものの、現在のように大学で教鞭をとるようになるまで、10年ぐらい職に就けないという厳しい時代がありました。しかし、いま思えば、そうした**不遇ともいえる時期に志が磨かれ、人ができ上がる**のだと、つくづく思います。

人生には、風向きがよくないときが必ず誰にもあるものですが、その時期をどう過ごすのかが非常に重要です。その過ごし方を学ぶという意味では、西郷の人生は、大変示唆に富んでいるのではないでしょうか。

人生を象徴する言葉「智仁勇」

沖永良部島で生活した約1年半で、西郷が繰り返し読んだといわれるのが、儒学者・佐藤一斎の『言志四録』です。

佐藤一斎は昌平坂学問所の塾長を務めた人物で、兵学者の佐久間象山《さくましょうざん》や思想家の横井小《よこいしょう》楠《なん》なども師事した大儒学者。『言志四録』は、一斎が後半生の40余年にわたり記した1133条からなる箴言集《しんげんしゅう》です。そのなかで「智仁勇」について、次のように書かれています。

〈人主の学は、智仁勇の三字に在り〉

(人の上に立つ者の学問は、智慧《ちえ》・思いやり・決断力の三つを学ぶことである)

「はじめに」でも触れましたが、この言葉は、西郷隆盛という人物を象徴していると私は考えています。実際西郷は、この書をただ読むだけでなく、気に入った言葉を書き写し、自ら註釈を入れています。『南洲手抄言志録《なんしゅうしゅしょうげんしろく》』から当該部分を見てみましょう。

〈智仁勇は、人皆謂《い》う、「大徳にして企て難し」と。然《しか》れども凡《およ》そ邑宰《ゆうさい》たる者は、固《も》と親民の職たり。其《そ》の奸慝《かんとく》を察し、孤寡《こか》を矜《あわれ》み、強梗《きょうこう》を折《くじ》く。即《すなわ》ち是れ三徳の実事なり。宜《よろ》し

く能《よ》く実迹《じっせき》に就きて以て之れを試むれば、可なり〉

（智仁勇について、多くの人々は「大きな徳だから企て望むのは難しい」という。しかし、村を主宰する者は、民に親しむのが本来の職務であるから、隠れた悪事を調べ正す智や、孤児や寡婦を憐れむ仁、奸悪な者を挫く勇気、これらがすなわち三徳の中身である。このように実際の事柄について試み実行していけば、それでよいのである）

大きくいって**「智」の力は、大局的な判断ができるということ。これがないと、「勇」は単なる〝蛮勇〟になってしまいます。また、「仁」の力があっても、優しいだけでは事が成せない……。**

つまり、それぞれが相互にリンクしていくように、智も仁も勇も磨かなければ、勝負所で結果を残せないということなのです。いや、勝負所であることさえ見抜けずに、みすみすチャンスを逃してしまうことにもなりかねません。

要するに、**智仁勇の三徳がそろってはじめて、人格のバランスがとれる**ということなのです。

以後、西郷は、「智仁勇」を自らの目指す人格として位置付けて行動していきます。実際、

「智仁勇」を軸に考えると、人生における各ターニングポイントで、西郷が何を基準に行動していたかが非常に理解できます。

たとえば、幕府と対決した際、まずは智略を使うのか、それとも積極的に戦いをしかけるのか。敗軍の将である徳川慶喜をどう扱うのか。官軍が江戸城をどのようにして手中に収めるのか。また、どうして西南戦争を引き起こしたのか……などなど、それぞれのシーンで、彼の内なる「智仁勇」が働いているのです。

世界が一気に広がった勝海舟との出会い

西郷隆盛はもちろん智仁勇すべてに優れた人物でしたが、幕末期には智仁勇の観点から興味深い人物が西郷のほかにもいます。とりわけ、**西郷が出会った人物のなかで、私が断トツだと思っているのが勝海舟**です。

西郷と勝海舟の関係は、江戸城無血開城についての会談がクライマックスだとされていますが、実は最初の出会いも、それに負けず劣らずエポックメイキングだったと思います。

江戸城無血開城の4年前、勝は西郷とのはじめての会談の席で、「いまは国内で争うときではない。幕府はもはや天下を統一する力がなく、むしろ雄藩の尽力で国政を動かし、幕府第一主義の奸臣等に一撃を加えて国内の正しい統一をはかるのがよろしい」と言い放ったのです。

要は「幕府はもう駄目だ」と認めているわけですが、幕府の要職にある人物が雄藩の大幹部に話す内容ではありません。これにはさすがの西郷も面食らったようで、「頓《とん》と頭を下げ申し候」と勝を絶賛する書簡（72ページ参照）を書いています。

この勝海舟の思いもよらぬ発言を聞いた西郷は、**厳しい現実もまっすぐ見通す「智」の力と、それをさらりと話してしまう「勇」を、勝のなかに見た**に違いありません。

もちろん勝海舟も、目の前にいる大男の人物を鋭く見抜き、そして信頼しました。その結果、**勝海舟の智仁勇と、西郷の智仁勇が〝がっぷり四つ〟に組み合って、立場がまったく違うのに同じビジョンを共有するという、世にも奇妙な関係ができ上がった**のです。

なお、勝海舟が島津斉彬と連絡をとった形跡はありませんが、ともに似たような考えをもっていたことは、皆さん、もうおわかりでしょう。さらに、このビジョンは西郷と勝だけでなく、勝の弟子である坂本龍馬も共有することとなりました。**勝海舟、西郷、そして龍馬といった英傑が、智仁勇でいうところの「智」、すなわちビジョンを共有したという**

のは、その後の日本にとって非常に幸運なことだったと思います。

「勇」なる武将としての西郷どん

ただし、ビジョンが定まっていても、それを実現していくだけの行動力がともなわなければ、絵に描いた餅で終わってしまいます。**ビジョンを実現するために動かない、ということも含めた「行動」を推進していくためには、何はともあれ「勇」の力が必要**になります。

私は、いまの日本人にもっとも欠けている資質が「勇」だと思っています。幕末・明治期に活躍した人は、それぞれ多少の濃淡はあっても、皆、勇の力をもっていました。

たとえば、幕末の人の力強さ、決断力、そして行動力のベースにあるのは、剣の修行が当たり前であったことが挙げられると思います。現在では、そういう身体的な鍛錬によって人間性が培われるとは必ずしも考えられてはいませんが、当時はそうした肉体の修行が根幹にあり、それで得た戦う精神性、つまり「勇」の力をもって時代を切り開いていったのです。

ですから、「勇」において現代の日本人よりも優れていたのは当然といえば当然で、何も西郷だけが「勇」の資質をもっていたわけではありません。坂本龍馬も千葉《ちば》周作《しゅうさく》道場で「北辰一刀流《ほくしんいっとうりゅう》」の免許皆伝《めんきょかいでん》を受けていますし、龍馬の師である勝海舟も、「自分がこれだけのことができたのは、剣と禅とによるものだ」と語っています。

ただ、勝が「西郷に及ぶことができないのは、その大胆識と大誠意とにある」と述べたように、同時代の英傑と比べても、西郷の胆力、すなわち「勇」の力は抜きんでていました。その理由は、二度の遠島という絶望のなかで人間性を磨いたということと、軍の指揮官として数多くの戦場を経験してきた経験にあると思います。

勇には「体を張る」という意味も含んでおり、その意味で、**西郷は常に戦いの前線で体を張った「武将」でもあった**のです。そのあたりが、交渉事などで本領を発揮する大久保利通などとはちょっと違うところです。

実際に**西郷は、禁門の変から戊辰戦争に至るまで、常に前線で軍を指揮し、そして勝利をおさめてきました。さらには、鎌倉時代以降７００年続いた「武」の世の中を終わらせるという役割もまた、担うことになる**のです。

つい私たちは「幕末」というスパンで西郷を評価してしまいますが、維新によって平家から鎌倉幕府、室町幕府、そして江戸幕府といった、約７００年にわたる武が支配する世

の中を覆したわけです。つまり、**西郷隆盛という人物は、７００年来の偉人的なスケール**
で見ることも可能なわけです。

結果として、**西郷の「勇」の力が決め手となって時代が変わっていく**わけですが、もち
ろん**智の力なくして勇だけで時代を動かすのは難しいですし、逆に智の力だけでも物事が**
進んでいかないことでしょう。無論、**江戸城無血開城を成し遂げたように、できるだけ無**
駄な血は流さないという「仁」の精神も重要です。こうした三徳が西郷にすべて備わって
いたからこそ、倒幕という時代を回天させる大事業をやってのけることができたのです。

さらに、西郷の「勇」の力は、新政府でも威力を発揮しました。廃藩置県を断行するに
あたっては、かつての主君や同僚の権限を奪い取ることにためらっている新政府メンバー
に対し、「文句を言う藩があれば、おいどんが御親兵を連れて鎮圧しもす」と一喝。**明治**
天皇に対しても、「恐れながら、吉之助がおりますれば」と言って安心させたといいます。

廃藩置県とは、完全な中央集権国家になるために藩の権限を剥奪してしまう政策です。
いわば明治維新の総仕上げというべき重要政策ですが、当初は多くの抵抗が予想されてい
ました。ところが、これをさほどの混乱もなく成し遂げたのは、**西郷の「反対する藩は自**
分が叩きつぶす」という「勇」の力が大きかったのです。

「西郷内閣」がつくり上げた新しい日本国

新政府における西郷といえば、とかく征韓論が強調されがちですが、私は、彼が実質的に「内閣」を率いていたときの政策により注目しています。

廃藩置県を成功させた後、岩倉具視や大久保利通、木戸孝允などの政府主要メンバーが、幕末に締結された不平等条約の改正などを目的に欧米訪問の旅に出ます。そこで留守を任されたのが西郷や江藤新平、板垣退助などです。

筆頭参議として留守内閣を預かっていた西郷は、いまでいう内閣総理大臣の役割を担いました。西郷に総理大臣のイメージなどないと思う人も多いでしょうが、**留守政府は実質的に「西郷内閣」だった**のです。この西郷内閣が断行した改革は驚くべきもので、これだけ見ても**西郷が「古い武士の代表」でない**ことがわかります。

「西郷内閣」が行った主な政策を見てみましょう。

●東京府邏卒《らそつ》（警視庁の前身）の採用

●司法省所属の府県裁判所の設置
●田畑永代売買解禁
●学制の発布
●人身売買禁止令の発布
●切り捨て・仇討ちの禁止
●キリスト教解禁
●国立銀行条例の公布
●太陽暦の採用
●徴兵令の布告
●華・士族と平民の結婚許可
●地租改正の布告

私が特に注目したいのは、学制発布です。**初年度（明治6年度）だけで小学校を1万2500校も開校**したというのですから、恐るべきスピード感といっていいでしょう。

江戸時代の日本の識字率は男子が約40%、女子が約10%で、諸外国に比べても悪くない数字ですが、この学制発布によってさらにその数字が一気に上がり、日本の教育水準は飛躍的に向上したのです。

教育内容においては実用教育が取り入れられて、科学教育も尊重されました。就学率の高まりにともない、やがて産業も発展するわけですから、その意味でも、**学制は日本の発展にとって非常に大きなこと**だったと思います。

現代においても、発展途上国では学校に行けない子供が大勢いることが問題になっています。ノーベル平和賞受賞者のマララ・ユスフザイさんが就学できない子供たちのために精力的な活動を続けていることを考えても、明治期の日本でここまでの教育制度を整備できたというのは、ただ驚くほかありません。

斉彬の影響＋孔子の徳治＝西郷の政治

ほかにも、「西郷内閣」は太陽暦の採用、国立銀行条例の公布など、旧体制では考えられないような政策を次々と打ち出したわけですが、これらの政策には、思えば斉彬の影響も多少あるのではないでしょうか。**モノだけではなく西洋のシステム（工場・学校・軍隊**

など）も積極的に取り入れ、「蘭癖《らんぺき》（西洋かぶれ）」とまでいわれた斉彬。そのビジョンを、20年後の西郷が国家レベルで実現したと見ることもできるのです。

さらに、1871年の岩倉使節団出発から1873年の帰国までの約2年間で「西郷内閣」が行った政策を見ていくと、斉彬のビジョンを実現しようとしたと考えられる部分のほかに、孔子の『論語』の精神をかなり意識した政策が多いことにも気付かされます。

論語の教えは実は統治論で、徳をもった人間が、自ら身を正してリーダーとなることを理想としています。古今東西、そうした理想を実現できた人物は非常に少ないのですが、西郷は少なくとも徳においては瑕疵《かし》がありませんでした。びっくりするほど財産がなく、自宅の雨漏りがひどかったことなどが語り草になっているほどです。

徴兵制度など、これまで「武」を存在意義としてきた特権階級が、それを放棄せざるを得なくなる政策を断行できたのは、清廉さを源流とする西郷の人望によるところが大きいと思います。**人望でここまで引っ張れた政権というのは、世界史的に見ても非常にまれで、これこそがまさに孔子が目指した徳治政治そのもの**だったのかもしれません。

結局、「征韓論」とは何だったのか？

「西郷内閣」は、明治になってからこじれ始めた朝鮮との関係回復にも乗り出します。

1868年に朝鮮が日本との国交を拒絶したことを発端とした日朝の外交問題は、1873年に朝鮮が、釜山にある日本側の滞在用施設の門の前に日本を侮辱した書を掲示したという報告があったことにより、さらにこじれていきます。

これを受けて、参議の板垣退助が朝鮮への出兵を主張。一方、西郷は派兵に反対し、自分を大使として派遣するよう求めました。西郷の案に板垣らも賛成し、いったんは西郷の派遣が決まったものの、相次いで帰国した岩倉、大久保、木戸らの反対でその決定が覆され、西郷の朝鮮派遣が中止になったのは、これまで見てきた通りです。

洋行組の帰朝によって「西郷内閣」は役目を終えることになりますが、単に留守内閣を改造して次の内閣へ、というところには落ち着きませんでした。洋行組の帰朝、すなわち**「西郷内閣」の終わりというタイミングで征韓論争が起こり、その敗北によって西郷は参議の職を辞して政府から去る**ことになるのです。

それにしても、西郷は朝鮮で何をしたかったのでしょうか。

よく言われている説としては、使者として行くことによって、自分が殺されることも含めて事が起こるだろうから、それを口実に出兵をすれば士族の不満や勢いのはけ口にできるのではないかというもの。

もちろん、そういった側面もあったかもしれませんが、私は、**西郷はただ単に殺されに行こうとしたのではなく、朝鮮に維新の精神を広めようとしていた**のではないか、とも考えています。

西洋の列強が帝国主義的な野心をむき出しにしている情勢下で、隣国の朝鮮が鎖国を続けて近代化を否定すれば、朝鮮が食い物にされた後、日本にも西洋の脅威がおよぶことが懸念されていました。そこで、維新の精神を広めることで朝鮮を開明していくというビジョンがあったのではないかと思うのです。フランス革命の概念を欧州中に広めようとしたナポレオンのように、西郷も維新の概念を朝鮮に〝輸出〟することによって、東洋の安定をはかろうとしていたのかもしれません。

当時、日本にはこの先どうしていいかわからない士族のエネルギーが爆発寸前にまで膨れ上がっていました。**西洋の帝国主義的な野望に対して、アジアで結束して対抗していく**

ために、この日本にあふれる士族のパワーを活用しようとしたのではないでしょうか。

その意味で、**西郷の征韓論とは、こうした士族に対する「仁」の心と、「欧米列強から東亜を守る」という斉彬の遺志が融合した思想だった**といえるのかもしれません。

平和的で自由な思想を求める戦い

西郷を「大陸への侵略を模索した帝国主義的な政治家」という見る向きがあるのは、この征韓論が誤解されているからでしょう。実際のところ西郷は、板垣退助が主張するような、いきなり兵力を出しての「征韓」には反対し、まずは使節を派遣するという「遣韓」を主張しています。

確かに西郷は使節派遣後の軍事行動については否定していませんが、物事の順序を踏むことを重視した姿勢を見ても、西郷に侵略主義者のレッテルを貼ることは少々無理があると思います。というのも、**西郷や板垣が抜けた政府は結局、その後、台湾に出兵し、また朝鮮に対しても軍艦を送り込み江華島《こうかとう》砲台と交戦した「江華島事件」を引き起こしたことを考えれば、大久保や長州閥が西郷と比べて平和的な人々とはとても言えない**わけです。

また、征韓論とともに西郷という人物イメージを難しくしている西南戦争についても、旧体制の維持が目的だったと見るむきがあります。しかし私は、**旧体制の維持どころか完全に自由で民主的な政治を希求しようとした行動の一つが、西南戦争だった**のではないかとすら考えています。

実際、一緒に下野した板垣退助は、その後、自由民権運動の旗手となって活動するわけです。また、薩軍には宮崎八郎《みやざきはちろう》（アジア解放運動家・宮崎滔天《とうてん》の兄）などルソーの思想に共感していた人間が、実はたくさん従軍していました。この点をとってみても、当時の政府よりも西郷のほうが自由主義的な思想に近しいことがうかがえます。

つまり、**西南戦争は決して江戸時代の復活を願うような復古主義的な戦いではなく、武力を背景とした自由民権運動**という見方もできるのではないかと思うのです。

「智」を使い「勇」に生き「仁」に殉じた男

征韓論争に敗れた西郷は故郷の鹿児島に帰り、事実上の隠遁生活に入ります。では、外国とのトラブルや皇室の危機以外には立ち上がるつもりがなかったと見られる西郷が、結果的に不平士族をまとめあげて西南戦争に突き進んだという事実は、一体どのように解釈すればよいのでしょうか。

西南戦争の引き金となったとされる事件はいくつかあるのですが、まず、戦争に至る大きな背景として、**せっかく幕府を倒したにもかかわらず、それに代わったのは腐敗にまみれた藩閥の連中という現状に、西郷や彼を慕う私学校党も失望していた**ということが挙げられます。ならばここで事を起こし、維新の精神を改めて世に問い直したいという思いがあったのではないでしょうか。

また、廃藩置県や四民平等など、士族の特権を奪う政策を行ってきたという負い目も、西郷にはあったのかもしれません。**明治政府の数々の政策により、もっとも割を食ったのは、それまで特権階級だった士族**なのです。

幕府を倒したのは士族であるにもかかわらず、その処遇はひどくなるばかり。そうした不満を士族たちが抱いたのは当然なのですが、皮肉なことに、実はこれこそが明治維新というものの本質でした。つまるところ**明治維新とは、武士という特権階級自らが、特権階級であるということをやめるという改革**だったのです。したがって、**武をもって維新を成し遂げた功労者たちが冷遇されるのは宿命**のようなものでした。

そうした維新の本質を知りつつも、西郷とは、彼らの不満を放っておけない、まさに「情の人」。**「社会に対する不満は目の前にいる士族たちに溜まっており、その責任の一端は自分にもある。そのエネルギーをくみ取ってやらなければならない」と考えた末の行動が、西南戦争**だったわけです。

言い換えれば、維新という激動のなかで生まれてきた社会のひずみを「仁」によってすくい取り、かつて自分が蒔いた種でもある士族の不平不満を戦争という形で爆発させることで、西郷自らがその木を刈り取ったということになるのです。

智仁勇いずれも優れた西郷からすれば、西南戦争が「智」の部分で無理があることはわかっていたはず。しかし、**利害を超えて天道を行くことを旨とした西郷は、この局面において「智」ではなく「仁」を優先した**のでした。

「晋どん、晋どん、もうここらでよか」

戦いに敗れ、別府晋介の介錯によって激動の生涯を終えた西郷隆盛。その最期のシーンにおいても、戦争につきまとう悲壮感がどういうわけかありません。西郷の死に一種の美学すら感じるのは、義に貫かれた彼の人生に、おそらく悔いがなかっただろうと想像できるからだと思いますが、いかがでしょうか。

おわりに

　ここまで読まれてきて、皆さんの西郷像はどう変わり、また、どう今後の人生に生かせられると思ったでしょうか。

　西郷のような人は、かつては「肚《はら》のできた人」と評されました。大正期に来日したドイツの哲学者デュルクハイムが著書『肚 人間の重心』で指摘したように、戦前までの日本では、「肚」に〝真実〟〝行動原理〟〝勇気〟といった要素が宿るとされていたのです。「肚が据わっている」「肚が大きい」「肚で行く」といった言葉があるように、「肚」を中心にして物事を考えるというのが、日本の身体文化でした。

　ちっぽけな利害や得失にとらわれず、大局的にものを見る力。あるいは、勇気をもって行動し、不退転の決意で戦う気力。そうしたものが「肚」に込められています。西郷は、それらを兼ね備えた、まさに「肚のできた人」でした。

　もちろん、西郷レベルの「肚」には一朝一夕にはなれないものですし、カリスマ性や人間の大きさも、手に入れようと思ってもなかなかできることではありません。ただ、自分のなかに西郷を模範としてもつことによって、普段、浅くなりがちな自分の息を、ゆったりとした呼吸に変えることができると思うのです。

私は「呼吸」というものを長年研究してきて、呼吸のあり方が人間のあり方を決めると考えてきました。西郷の人間の大きさも、〝ゆったりとした呼吸〟というものに支えられていたのだと思います。

そうした呼吸に下支えされて練られる「胆力」こそが、西郷のリーダーシップの源泉であり、私たちが学ぶべき最大のものではないでしょうか。

現代は非常に変化が激しい時代です。しかし、模範とすべき人間の生き方には普遍性があり、その「王道」は、どんな時代になっても変わることがありません。

お金も名誉もいらないという清廉さ、じっと構えてもの言わずとも、そこに座っているだけで周囲が安心するような人徳などなど、西郷ならではの人間性は、いまの時代にもきっと役立つ人生の羅針盤になるのではないかと思います。

そういう意味では、西郷は歴史上の人物という「遠い存在」ではなく、常に自らの「肚」にいて、迷ったときに意見を求められるような「よき相談相手」だともいえるでしょう。

ですから、迷いが出たときには、ゆったりと呼吸をし、「西郷どんが自分の肚のなかにいる」と思って、ヘソ（臍下丹田《せいかたんでん》）の下をポンポンと叩く。すると、リラックスした気分になって視野も広がり、迷いもなくなるのではないかと思います。

「肚に西郷どんあり」と暗示をかけつつ、事あるごとに西郷の言葉を思い出しながら日々を過ごしていただければ、仕事はもちろん、人生のさまざまな転換点においても、きっと道が開けてくることでしょう。

これまで解説してきた「智仁勇」、そしてその源となる、西郷が人生をもって示してくれた「胆力」。この二つが、私たちが生きている現代社会において、ますます重要な要素になっています。そのことを、本書を通じて少しでも感じていただけたら、著者としてこれ以上の喜びはありません。

最後に、この本が形になるにあたっては、ビジネス社編集部の大森勇輝さんとライターの望月太一郎さんから大きなご助力を頂きました。ありがとうございました。

２０１７年８月吉日

齋藤孝

[著者略歴]

齋藤孝（さいとう・たかし）

1960年、静岡県生まれ。明治大学文学部教授。東京大学法学部卒業。同大学院教育学研究科博士課程等を経て、現職。専門は教育学、身体論、コミュニケーション論。『身体感覚を取り戻す』（NHK出版）で新潮学芸賞受賞。『声に出して読みたい日本語』(草思社)がシリーズ260万部のベストセラーになり日本語ブームをつくる。
『日本人のための世界の宗教入門』『頭のよさはノートで決まる』『すぐ使える！　四字熟語』（以上、ビジネス社)、『齋藤孝のざっくり！日本史』『齋藤孝のざっくり！　世界史』（以上、祥伝社黄金文庫)、『超訳 吉田松陰語録』（キノブックス)、『人はチームで磨かれる』（日本経済新聞出版社)など著書多数。NHK Eテレ「にほんごであそぼ」総合指導、TBSテレビ「情報7days ニュースキャスター」等、TVコメンテーターとしても活躍中。

写真：外川　孝
編集協力：望月太一郎

西郷どんの言葉

2017年9月19日　　第1刷発行

著　者　齋藤 孝
発行者　唐津 隆
発行所　株式会社ビジネス社
〒162-0805　東京都新宿区矢来町114番地 神楽坂高橋ビル5F
電話　03(5227)1602　FAX　03(5227)1603
http://www.business-sha.co.jp

〈印刷・製本〉中央精版印刷株式会社
〈装丁〉尾形 忍（スパローデザイン）〈DTP〉茂呂田剛（エムアンドケイ）
〈編集担当〉大森勇輝　〈営業担当〉山口健志

ISBN978-4-8284-1975-6